ADAC Reiseführer

Venedig

Von Gerda Rob

EIN ADAC BUCH

Inhalt

Für Touristen Aussichtspunkt par excellence, für Venezianer ›Herr des Hauses‹: der 98 m hohe Campanile von San Marco

Sehenswürdigkeiten

Venedig – Stadt der Maskerade, der Künstler und der Kunst

Stoisch und museal harrt der gotische Palazzo Ducale der täglichen Besucherflut

Dies und Das

Für Menschen ohne Berührungsängste – bummeln in der Ruga degli Orefici

Venedig aktuell A bis Z

Gegen die Sehnsucht – eine moderne Venedig-Vedute als Souvenir

Venedig – Kunstwerk mit nassen Füßen

»Die Stadt, halb Märchen, halb Fremdenfalle.«

Thomas Mann

Venedig, dem Meer abgetrotzt, auf 116 Inseln und versenkten Baumstammwäldern errichtet, die einstige Fluchtburg in der amphibischen Landschaft der Lagune, die unvergleichliche ›Serenissima‹ der Dogen, ist eine paradoxe Stadt. Sie ist klein und doch Weltstadt. Eine Fata Morgana, die schwebend aus dem Wasser steigt und doch real, kompakt, eine vollendete Vertikale aus Stein ist.

Venedig ist ernst im ›centro storico‹ und heiter auf den belebten Campi, morbid in den verwinkelten Gassen der ›Sestieri‹ (Stadtsechstel) jenseits des Canal Grande und ungemein vital in den Kaufstraßen von San Marco. Es ist barbarisch durch die Feuchte, die alle Fassaden schwärzt, und edel in der Gestik seiner Palazzi, mit Touristen überfüllt im Geviert der Piazza San Marco und geruhsam im Herzen von Dorsoduro.

Venedig ist steingewordene Utopie, Gotik und Renaissance von der schönsten Seite, ein Hort von Schätzen, aber auch ein Konglomerat verfallender Bausubstanz und sozialer Tristesse. Gegen Ende des 18. Jh. hielten die Bauherren der Stadt den Atem an, die Zeit stülpte eine Art Glassturz über das Bauensemble und bewahrte es wie in Noahs Arche, würdevoll trotz aller Beschädigungen.

Das Wasser: Rahmen und Spiegel

Die Stadt läßt Muße und Langsamkeit zu: keine Autos, kein Stau, keine Emotionen am Lenkrad. Die wichtigste Straße ist das Wasser. Man fährt mit den **Vaporetti** (Linienbooten) zu den vielen sehenswerten Punkten, überquert mit dem **Traghetto** (Gondelfähre) stehend

Oben: *Zarte Spitzenmuster aus Stein – Fassadendetail der Ca' d'Oro*

Rechts: *Die Regata Storica – eines der spektakulärsten Feste im Jahreskreis*

Rechts oben: *Unvergleichlich – der Blick vom Campanile bis zur Adria*

und schwankend den Canal Grande, läßt sich auf Fahrten mit **Motoscafi** (Bootstaxis) und **Gondeln** ein.

Man muß in Venedig neu sehen lernen. Die gewohnten Kategorien der landgebauten Städte mit ihrem fiebrigen Verkehr versagen hier. Der schönste Beginn für das venezianische Spurenlesen sind Bootsfahrten. Die Meerfassade des **Palazzo Ducale**, die prachtvollen Schaufronten der Patrizierpaläste an der Doppelschleife des Canal Grande, Palladios gewaltige Votivkirchen **S. Maria della Salute** und **Il Redentore** haben ihren großen Auftritt am Wasser. Wasser ist ihr Vorplatz, ihr Spalier, ihr Rahmen,

ihre Herausforderung. Wasser erhöht den ästhetischen Reiz der venezianischen Veduten.

Auch wo Venedig Fußgängerstadt ist, in den engen, gewundenen **Calli**, **Salizade** (Gassen) und **Rii terrà** (zugeschütteten Kanälen), die sich kreuzen, schlängeln und verflechten, enden alle Wege am Wasser. **Brücken** und **Brücklein** wölben sich über 160 Kanäle. Dieses Chaos aus Wasser und Wegen läßt sich kaum lückenlos kartographieren. Spaziergänger verirren sich leicht, gewinnen dabei aber immer neue Perspektiven und Einsichten.

Löwen, Legenden, Leidenschaften

Das spirituelle, historisch-politische Zentrum der Stadt um die **Piazza San Marco** entbehrt auch noch im Touristengeschiebe, Ciceronigeschrei und Taubengeflatter der Saison nicht einer gewissen Intimität. Die **Basilica di San Marco** mit ihren immer wiederkehrenden Legenden, ihrem Stilmix, ihrer Buntheit und Mosaikenpracht ist das Herzstück des venezianischen Daseins, die Staatskirche einer Republik, die unter dem Patronat des hl. Markus agierte, konspirierte, Kriege führte, reich wurde. Im **Palazzo Ducale**, nach 1000 Jahren Machtzentrum nun seit 1797 der leere

Oben: *Eines der beliebtesten Motive ist der Blick vom Canal Grande auf S. Maria della Salute*

Links: *Der Karneval von Venedig – immer wieder ein Fest für Augen und Sinne*

Rechts: *Von einzigartigem Charme ist die Barockfassade von S. Maria del Giglio*

›goldene Käfig‹ der Dogen, schlug sich Beginn und Ende der venezianischen Erfolgsgeschichte nieder. Im Schutze von Napoleons gemeuchelten und eifrig neu gemeißelten *Markuslöwen*, überhäuft mit Gemälden *Tintorettos* und *Veroneses* zum Ruhme der Republik, harrt der gotische Palazzo stoisch und museal der täglichen Besichtigungsflut.

Die **Patrizierpaläste** am Canal Grande, dem einstigen Zentrum von Warenfluß und Kommerz, sind ein Kompendium venezianischer Architekturgeschichte. Hinter den schönen Fassaden der veneto-byzantinischen *Ca' Da Mosto*, der gotischen *Ca'd'Oro* und *Ca' Foscari*, den Renaissancefassaden der Palazzi *Vendramin-Calergi*, *Grimani*, *Corner-Spinelli* und *Contarini delle Figure* aus den Jahren der Welteroberung, hinter Baldassare Longhenas Barockfassaden des *Palazzo Pesaro* und der *Ca' Rezzonico* verbergen sich Geheimnisse, Erfolgsgeschichten und Tragödien großer Familien. Ihre Sammelleidenschaft ließ am Canal Grande fabelhafte **Museen** entstehen: Die edle *Galleria Giorgio Franchetti*, das *Museo del Settecento Veneziano* und die weltberühmten, alles übertreffenden *Gallerie dell'Accademia*, gefüllt mit erlesenen Gemälden venezianischer Meister wie Bellini und Carpaccio, Tizian und Giorgione, Palma Vecchio und Tintoretto, Lorenzo Lotto und Veronese, Piazzetta und Tiepolo.

Verträumt, verspielt, versteckt: die Campi

Berühmte Plätze, wie die **Campi SS. Giovanni e Paolo** in Castello und **S. Maria Gloriosa dei Frari** in San Polo mit den Grablegekirchen der Dogen und der **Campo San Rocco** mit Tintorettos grandioser Gemäldeausstattung der Scuola Grande di San Rocco, sind in der Saison fest in der Hand von Touristen.

Venezianer bevorzugen die kleinen, versteckten Campi wie **San Luca** in San Marco, **S. Maria Formosa** in Castello oder **S. Margherita** in Dorsoduro. Hier treffen sie sich zum ›ciaciarar‹ (schwatzen), verabreden sich in den kleinen Bars

Rechts: *Blick vom Campanile auf Palladios Meisterwerk San Giorgio Maggiore auf der gleichnamigen Insel, rechts daneben die Giudecca*

Unten: *Nur nicht den Überblick verlieren im Touristengetümmel des Markusplatzes!*

und Cafés, in den Osterie und den einfachen Bàcari, um sich mit Tramezzini (Sandwiches) oder Cicheti (Häppchen) zu verwöhnen und eine Ombra Wein oder Prosecco zu trinken.

Auf den zentralen Campi der ›Sestieri‹, der sechs Stadtbezirke, und auf den bunten Märkten am Rialto lassen sich bessere Einblicke ins venezianische Leben gewinnen als in den luxuriösen Spitzenrestaurants und am Tresen von Harry's weltberühmter Bar. Venezianer sind gesellig, neugierig, weltoffen, hellhörig, handelstüchtig, stolz auf ihre Herkunft, zuweilen grimmig und sich ihrer Sonderstellung wohl bewußt. Ihre Sprache kommt ihrer Mentalität entgegen: Venezianisch ist ein Italienisch eigener Prägung mit lässigem Wohlklang und lautmalerischem Reiz.

Karneval, Regatten, Feste

Il Carnevale, das Fest der schönen Masken, nur mehr Echo vergangener Tage und Lustbarkeiten, wurde 1979/80 als Fremdenverkehrsattraktion reanimiert. Das bunte Maskentreiben mit Figuren aus der Commedia dell'Arte wird weltweit gepriesen, geliebt, fotografiert, auch wenn es da und dort in die Niederungen von Disneyland abzugleiten droht.

Selbst die kritischsten Besucher können sich aber der Buntheit der traditionellen Feste, der **Festa di San Marco** (25. April), der **Festa della Sensa** (Sonntag nach Christi Himmelfahrt), der **Festa del Redentore** (3. Julisonntag) mit dem Sternenregen des Feuerwerks am Wasser und der **Regata Storica** (Anfang September) mit ihren aufgeputzten Paradeschiffen und all dem venezianischen Pomp vergangener Tage nicht entziehen.

Heitere und melancholische Inseln

Die Inselstadt wird im Osten und Süden von Trabanteninseln begleitet. In der nördlichen Lagune liegt die pittoreske

Toteninsel **San Michele**. Emsigkeit ist das Zeichen der Glasbläserinsel **Murano** mit dem Glasmuseum Museo Vetrario voller filigraner Kostbarkeiten. **Burano** ist die Insel der Spitzenklöpplerinnen, der bunt gestrichenen Häuser und der rauhen Fischer. Weiter im Norden das verschlafene, idyllische **Torcello**, Ernest Hemingways Lieblingsinsel, uralt, älter als Venedig, voll edler Bruchsteine, über denen nun Grün, Obst, Wein und Gemüse wachsen.

Der Sestiere **Giudecca** in der südlichen Lagune mit der berühmten Palladiokirche Il Redentore leitet nach **San Giorgio Maggiore** über und im Inselsprung zur Badeseligkeit des **Lido**.

Scirocco und Acqua alta

Venedig hat Übung darin, mit Kassandrarufen zu leben. Bei aller Überbauung konnte es die Natur und das Wasser, das im Rhythmus von Ebbe und Flut in der Lagune atmet, nicht verdrängen. Katastrophale Hochwasser sind kein absolutes Zeichen der Neuzeit, sie sind seit 1095 für jedes Jahrhundert mehrmals dokumentiert. Der Untergang Venedigs, die Apokalypse, oft beschworen, tausendfach herbeigeschrieben, fand nicht statt. Die Umweltdebatte ist weit fortgeschritten. Ökotouren, die sich mit den brennenden Problemen der Stadt befassen, werden angeboten.

Venedig im Spätfrühling, Venedig im Sommer und im Frühherbst gehört den Touristen. Venedig im Spätherbst, Venedig im Winter, das sind Ratschläge für Individualisten, und sie sind als Lockung gedacht. Wenn im Nebel die Schiffe wie Geistergefährte vorbeigleiten, wenn die zarten Muster der Palazzi mit Schnee überstäubt sind, der Campanile von San Marco sich im Ungewissen verliert und man über die Piazzetta im knöcheltiefen Wasser geht, gewinnt Venedig eine neue Dimension.

Der Reiseführer

Dieser Band geht auf alle wichtigen Sehenswürdigkeiten Venedigs ein, beschreibt Paläste, Kirchen und die belebten Plätze, führt durch die Museen und berichtet über Geschichte, Feste, Kunst und Künstler. **Übersichtskarten, Pläne** und **Grundrisse** erleichtern die Orientierung. Die **Top Tips** gewährleisten ein schnelles Auffinden der Highlights. Der **Aktuelle Teil** enthält alphabetisch geordnet Nützliches von Informationen vor Reiseantritt über Einkaufs- und Veranstaltungstips bis hin zu Empfehlungen für Hotels und Restaurants. **Kurzessays** runden den Reiseführer ab.

Geschichte, Kunst, Kultur im Überblick

ab 1000 v. Chr. Lockere Besiedlung des nördlichen Adriabogens durch indogermanische Veneter, die sich 218 v. Chr. mit den Römern verbünden und nach und nach im Römertum aufgehen.

401 n. Chr. Die Bevölkerung Landvenetiens weicht vor den anstürmenden Westgoten vorübergehend in die Lagune nach Seevenetien aus.

421 25. März (Mariä Verkündigung): Legendäres Gründungsdatum Venedigs. In Wirklichkeit verdankt die Lagunenmetropole ihre Entstehung einem langwierigen Entwicklungsprozeß.

452 Hunneneinbruch unter Attila in Oberitalien. Neue Fluchtwelle der Festlandbewohner nach Seevenetien.

476 Ende des Weströmischen Reiches.

537 Erster Bericht über das Leben in der Lagune durch Flavius Cassiodorus, Geschichtsschreiber am Hof des Ostgotenkönigs Theoderich. Er schildert ein ländliches Idyll mit »Fischerhütten gleich Nestern von Wasservögeln«.

Erste Besiedlung der venezianischen Lagune: Phantasievedute des 16. Jh.

563 Venetien wird Provinz des oströmischen Kaiserreiches von Byzanz.

568 Langobardeneinbruch in Norditalien. Flüchtlinge gründen die ersten Dauersiedlungen im Lagunenbereich (Malamocco, Torcello und Burano).

638 Torcello wird Bischofssitz.

697 Der erste ›Dux‹ (= Doge, Herzog) Seevenetiens, Paoluccio Anafesto, wird gewählt. Er residiert in Heraclea.

745 Verlegung des Dogensitzes nach Malamocco.

809 Belagerung des venetischen Archipels durch Pippin, den Sohn Karls d. Gr. Byzantinische Hilfsgeschwader stoppen die Invasion der Franken auf den Inseln.

810/11 Doge Agnello Partecipazio verlegt den Regierungssitz auf die Insel Rivus Altus (›hohes Ufer‹ = Rialto). Die ›civitas rivi alti‹ bekommt erste Konturen. Eine Dogenburg wird gebaut, Brücken entstehen, die Inseln werden zu Stadtteilen, die Kanäle zu Wasserstraßen. Die großen patrizischen Geschlechter Venetiens siedeln sich an und bilden als ›Case Vecchie‹ den Kern der Aristokratie.

812 Der Friede von Aachen zwischen dem Frankenreich und Byzanz regelt Venedigs Verbleib bei Byzanz. Die Stadt erhält wichtige Handelsprivilegien und baut ihre Mittlerrolle zwischen Orient und Okzident aus.

828/29 Raub und Überführung (*translatio*) der vermeintlichen Reliquien des hl. Markus von Alexandria nach Venedig. Baubeginn der 1. Markuskirche (Weihe 832). Festschreibung des Namens ›Republik von San Marco‹.

ab 850 Sprunghafte Stadtentwicklung, zahlreiche Kirchen entstehen. Bau einer Kriegsflotte. Schiffbauer, Händler und Kauffahrer werden reich.

883 Rivalitäten im Salzhandel veranlassen Venedig, Chioggia anzugreifen und zu zerstören.

899 Sieg einer venezianischen Flotte über die angreifenden Ungarn.

Giovanni Bellini: Bildnis des Leonardo Loredan (Doge von 1501 bis 1521)

10. Jh. Bedeutende Kirchenbauten – u. a. SS. Maria e Donato auf Murano – im romanisch-byzantinischen Stil.

976 Während eines Volksaufstandes Großbrand im Stadtzentrum. Die inzwischen 2. Markuskirche mit den Staatsreliquien und die Dogenresidenz mit dem Staatsarchiv werden ein Raub der Flammen.

990 Ausbau der venezianischen Flotte. Gewaltige Umsätze im Sklavenhandel.

um 1000 Erweiterungen der Privilegien venezianischer Kaufleute. Begründung der Vorherrschaft in der Adria. Einrichtung von Handelsniederlassungen im gesamten Mittelmeerraum.

1050 Wiederaufbau der zerstörten Markuskirche.

1082 Venedig leistet Byzanz gegen die Normannen Flottenhilfe und wird mit Abgabenfreiheit belohnt. Aufblühen des Levantehandels.

ab 1096 Während der Kreuzzüge weiterer Ausbau der Vormachtstellung Venedigs im östlichen Mittelmeer.

1104 Baubeginn des Arsenals.

1105–50 Venedig verfolgt eine aggressive Außenpolitik. Eroberungen an der dalmatinischen Küste, Beteiligung an der Eroberung von Sidon und Akko. Sieg über die ägyptische Flotte bei Askalon. Eroberung von Tyrus. Venezianische Streitkräfte intervenieren gegen die Normannen.

1172 Der ›Große Rat‹, Maggior Consiglio, gebildet aus Vertretern der großen venezianischen Adelsfamilien, wird zur höchsten gesetzgebenden Autorität des Staates und zur Überwachung des Dogen bestimmt.

1177 Feierliche Aussöhnung von Papst Alexander III. und Kaiser Friedrich I. Barbarossa vor dem Portal von San Marco. Gigantischer Besucherstrom aus halb Europa.

13. Jh. Das Dogat zählt 80 000 Einwohner. Charakteristische Paläste im veneto-byzantinischen Stil entstehen (u. a. die Palazzi Farsetti und Loredan).

1204 Die Teilnehmer des 4. Kreuzzugs einigen sich über die Teilung des Byzantinischen Reiches. Drei Achtel von Byzanz gehen in venezianischen Besitz über. Schändliche Plünderung Konstantinopels. Großraub von Kunstschätzen zum Nutzen Venedigs, das im Zenit seiner Macht über den Handel des gesamten östlichen Mittelmeeres gebietet.

1207 Einrichtung der ›Quarantia‹, des Rats der 40 Patrizier, als selbständige juristische Instanz der Republik.

1209 Eroberung von Kreta. Die meisten griechischen Inseln und der Peloponnes befinden sich in venezianischer Hand.

1291 Verlegung aller venezianischen Glashütten nach Murano.

1295 Marco Polo trifft nach 25jährigem Aufenthalt in China und Zentralasien wieder in Venedig ein.

1297 Reform des ›Maggior Consiglio‹. Nur mehr Mitglieder jener 287 Adelsfamilien, die im ›Goldenen Buch‹ verzeichnet sind, dürfen dem ›Großen Rat‹ beitreten, der den Dogen und seine sechs Räte wählt.

1310 Der ›Consiglio dei Dieci‹ (Rat der Zehn) zur Überwachung der Staatssicherheit wird gegründet.

1340 Baubeginn des Dogenpalastes.

1381 Sieg Venedigs im Chioggia-Krieg über Genua. Beendigung des seit 1210 währenden Kampfes um die Vormacht auf den Seewegen.

Gentile Bellini: ›Wunder des Heiligen Kreuzes‹ (1500, Accademia)

ab 1404 Venedig weitet sein Territorium auf der Terra ferma (= Festland) aus und erreicht um die Mitte des 15. Jh. seine größte Ausdehnung von den Alpen bis zum Po.

ab 1420 Am Canal Grande entstehen prächtige gotische Paläste.

1423–55 Venedig ist die Metropole der Weltwirtschaft, des Geld- und Goldhandels, der größte Umschlagplatz für Gewürze und Luxusgüter. Die 200 000-Einwohner-Stadt besitzt 50 Galeeren, 300 große und 3000 mittlere Seehandelsschiffe. 6000 Venezianer arbeiten als Schiffbauer, 17 000 als Seiden-, Leinen- und Baumwollweber.

ab 1429 In der Stadt werden große Maler, Bildhauer und Baumeister geboren: Gentile Bellini (1429), Giovanni Bellini (um 1430), Pietro Lombardo (1436), Jacopo Bellini (um 1400), Mauro Codussi (1440), Vittore Carpaccio (1465), Tizian (um 1477), Giorgione (um 1478) und ins nächste Jahrhundert übergreifend: Andrea Palladio (1508), Jacopo Bassano (1515), Jacopo Tintoretto (1518).

1453 Konstantinopel fällt in die Hand der Osmanen. Venedig wird von den Fernhandelswegen abgeschnitten, seine Stützpunkte im östlichen Mittelmeer geraten in Bedrängnis.

1480 Die ersten Hauptwerke der Frührenaissance entstehen, u. a. S. Maria dei Miracoli.

1492–98 Christoph Kolumbus entdeckt Amerika. Der Portugiese Vasco da Gama findet den Seeweg nach Indien. Lissabon übernimmt nun die entscheidende Rolle im Gewürzhandel.

1508 Papst Julius II., Frankreich, der deutsche Kaiser und Spanien verbünden sich in der Liga von Cambrai gegen Venedig. Durch diplomatisches Geschick kann Venedig größere Gebietsverluste vermeiden.

1514 Großbrand am Rialto.

1514–22 Die Türken erobern Ägypten und Rhodos. Schwere Handelseinbußen der Venezianer.

1537 Neugestaltung des Gebiets um San Marco unter der Leitung Jacopo Sansovinos. Blüte der Renaissance.

1571 Sieg der vereinigten Flottenverbände von Venedig, Spanien und dem Kirchenstaat in der Seeschlacht von Lepanto über die Türken.

1573 Verlust Zyperns an die Türken.

1576 Verheerende Pestepidemie. Tod Tizians. Andrea Palladio baut die Votivkirche Il Redentore.

1577 Verheerender Brand im Dogenpalast.

1598 Geburt des Barockbaumeisters Baldassare Longhena.

1630 Letzte große Pestkatastrophe. Baubeginn von S. Maria della Salute. Weitere Kirchen und Paläste entstehen.

1669 Verlust Kretas an die Türken.

ab 1700 Aufbau einer Luxusindustrie um Glas, Keramik, Email, Filigranschmuck, gold- und silberdurchwirkte Seidenstoffe. Letzte große Blüte vor dem wirtschaftlichen Niedergang.

1718 Venedig verliert im Frieden von Passarowitz Griechenland und die griechischen Inseln. Der Großmachtstatus geht verloren.

1748 Alle Besitzungen rund um Venedig fallen an Österreich. Im südlichen Lidobereich werden die ›Murazzi‹, ein steinerner Schutzdamm, gegen das Hochwasser errichtet.

1797 Napoleons Truppen besetzen und plündern Venedig. Der letzte Doge, Lodovico Manin, dankt ab.

1798–1805 Frankreich tritt Venedig an Österreich ab.

1806–14 Venedig unter französischer Besatzung. Requirierung vieler Kunstschätze. Schwere Schäden an Gebäuden. Große Eingriffe ins Stadtbild.

1814–66 Venedig wieder unter österreichischer Oberhoheit. Erste Verbindung mit dem Festland durch den Bau eines Eisenbahndamms (1846).

1848/49 Aufstand Daniele Manins gegen die österreichische Besatzung, Ausrufung der kurzlebigen Republik von San Marco.

1866 Venedig wird durch Volksabstimmung Teil des neuen Königreichs Italien.

1895 Erste Kunstbiennale.

1902 Einsturz des Campanile von San Marco. Problemlösungen im Industriesektor und Wasserbau.

1932 Die Internationalen Filmfestspiele auf dem Lido werden ins Leben gerufen.

1933 Weitere Anbindung an das Festland durch einen Straßendamm.

1939–45 Venedig bleibt im Zweiten Weltkrieg von Zerstörungen verschont.

nach 1945 Zunehmende Industrialisierung der Zonen um Mestre und Marghera. Modernisierung des Hochseehafens. Abwanderung großer Bevölkerungsteile aus der Stadt in die Vororte.

1966 Schwere Hochwasserkatastrophe.

1970 Venedig wird Hauptstadt der Region Veneto.

1979/80 Wiederaufleben des historischen Karnevals. Großangelegte Restaurierungsarbeiten beginnen.

ab 1988 Sondergesetze zur ›Rettung Venedigs‹.

1994 Gründung einer Venedig-Gesellschaft zur Sanierung des gesamten Lagunenbereichs.

1996 Das berühmte Gran Teatro La Fenice fällt einem Brand zum Opfer.

1997 Restaurierung des Torre dell' Orologio und der Museen D'Arte Moderna in der Ca' Pesaro, Fortuny im Palazzo Fortuny und des Museo di Storia Naturale in S. Croce.

1998 Ausschreibungsschwierigkeiten verzögern den Wiederaufbau des Gran Teatro La Fenice.

›Aqua Alta‹ – Hochwasser auf der Piazzetta im Jahr 1966

Sehenswürdigkeiten

Die Piazzetta – Entree in das Herz der Lagunenmetropole

Am schönsten ist die Annäherung an die Piazzetta auf dem Wasserweg über den *Canale della Giudecca*, Venedigs klassische Vista vor Augen. Seit 1000 Jahren empfängt die Stadt ihre Gäste auf dem *Molo*. Der **Palazzo Ducale**, Machtzentrum und Dogensitz in den Jahrhunderten der Welteroberung, der Kaufherren, der Pfefferschiffe, der geraubten Schätze, des Sklavenhandels, dominiert mit seiner dekorativen Eleganz das Ufer zwischen dem Ponte della Paglia und der **Piazzetta**. Das ›kleine Plätzchen‹ am Ufer des Bacino di San Marco wurde als Entree in das Stadtherz konzipiert. Den edlen Rahmen bilden die Westfront des Palazzo Ducale und Jacopo Sansovinos schöne **Libreria**, an die sich die **Zecca**, die Alte Münze, schmiegt.
Die Kaffeehaussessel auf der Piazzetta sind Logenplätze. Unwiderstehliche Blickpunkte im weichen Licht: die Schiffe im aufgewühlten Wasser und die Insel San Giorgio Maggiore.

Top Tip 1 Piazzetta

Vaporetto San Marco oder San Zaccaria

Ein Platz wie eine Bühne, an Dekoration und Aussicht kaum zu übertreffen.

Wie ein monumentales Eingangstor wirken die beiden monolithischen **Säulen** am Südrand der zur Lagune hin offenen Piazzetta. Sie sind Raubgut aus Tyrus. Doge Sebastiano Ziani, Diplomat und Kaufherr, aus Zinserträgen reich wie Krösus geworden, ließ sie im ersten Jahr seines Dogats, 1172, am Molo aufstellen. Kunsthistorisch gesehen sind sie, wie so vieles in Venedig, ein bunt zusammengewürfeltes Allerlei. Der Bronzelöwe auf der *Colonna di San Marco* wurde – so

Grandiose Ouvertüre für eine große Komposition: die Piazzetta, das ›kleine Plätzchen‹, stimmt ein auf das Gesamtkunstwerk Venedig

Vorhergehende Doppelseite: *›Schönster Salon Europas‹ – die Piazza San Marco mit der prächtigen Markuskirche*

Mit vollem Prunk in Szene gesetzt – der Palazzo Ducale war 1000 Jahre lang Machtzentrum der Lagunenstadt und Residenz des Dogen bis 1797

vermutet man heute – im Fernen Osten als Chimäre konzipiert und erhielt erst in Venedig seine Flügel. Der auf der *Colonna di Todaro* thronende hl. Theodor (heute Kopie), Venedigs erster und später zugunsten des hl. Markus entthronter Stadtpatron, wurde aus römischen Bruchsteinen hadrianischer Zeit zusammengefügt. Schild, Speer und das rätselhafte Krokodil sind später hinzugekommen.

Die beiden Säulen – eine dritte stürzte bei ihrer Aufstellung ins Wasser – wurden für verschiedene Zwecke genutzt: Kaufherren machten ihre kostbar beladenen Schiffe daran fest, Spieler fanden zwischen ihnen einen Spieltisch, Scharfrichter einen vielfrequentierten Ort, an dem sie die Urteile der Staatsinquisition publikumswirksam vollstrecken konnten. Bisweilen erwiesen sich besonders grausame Entscheidungen auch als vorschnell. Auf Vorschlag des Dogen Antonio Priuli wurde Venedigs Botschafter in London, *Antonio Foscarini*, 1622 wegen angeblichen Geheimnisverrats zum Tod im Gefängnis durch Erwürgen verurteilt. Sein Leichnam wurde anschließend einen Tag lang kopfüber an einem Galgen zwischen den Säulen zur Schau gestellt. Ein halbes Jahr nach seinem Tod erfolgte seine feierliche Rehabilitierung.

2 Palazzo Ducale

Vaporetto San Marco oder San Zaccaria

Für den Stadtstaat einst Zentrum politischer Macht und weltbürgerlicher Liberalität, für Dogen Amtssitz mit Gefängnisblick.

Vom Wasser und vom Land aus zugänglich, offen und einladend, präsentiert sich der direkt am Molo stehende Palazzo Ducale. Seine Arkaden öffnen sich mit der **Porta del Frumento** dem Bacino di San Marco und geben gegen Westen der Piazzetta die festliche Attitude. Unbekannte Baumeister schufen zwischen 1340 und 1550 auf einem gewaltigen Rost aus Baumstämmen und Stein ein glanzvolles Schloß am Wasser, eine Luxusbleibe für Dogen, einen Staatspalast für die Aristokratie.

Die Wahl des Standorts wurde nie mehr in Frage gestellt, seit Doge Agnello Partecipazio hier 812 die erste befestigte **Wohnburg** hatte errichten lassen. Volkswut legte 976 nicht nur den Dogensitz, sondern das ganze Stadtviertel zwischen San Marco und S. Maria Zobenigo in Schutt und Asche. Über rauchgeschwärzten Trümmern erstand ab 1175 ein erster **Palast aus Stein**. Sein Stil, re-

Blick in den Innenhof des Palazzo Ducale mit dem Repräsentationsbau des Arco Foscari (links) und der Scala dei Giganti, dem Treppenaufgang zum imposanten Ostflügel

präsentativ genug, um 1177 Papst Alexander III. und Kaiser Friedrich I. Barbarossa zu beherbergen, seine Ausmaße zu gering für die Macht und Übermacht der 1800 Mitglieder des ›Großen Rates‹. Nach einer Neukonzeption wurde von 1340 bis 1423 der zum Molo hin ausgerichtete **Südtrakt** mit der riesigen Sala del Maggior Consiglio gebaut. Etwa 100 Jahre später glich man die **Westfront** an der Piazzetta dem Stil der gotischen Südfassade an, in der die dekorative Eleganz arabischer Baukunst mit byzantinischen Ausdrucksformen verschmolz. Nach einem weiteren Palastbrand entstand 1483–1574 der erneuerte **Ostflügel** bereits im Stil der Frührenaissance.

Einzigartige Außenansicht

Die gotischen **Fassaden** des opulenten Bauwerks sind dreizonig gegliedert. Gedrungen wirken die basenlosen *Erdgeschoßsäulen* mit ihren überreich gearbeiteten plastischen Kapitellen (Kopien) und den phantasievollen Skulpturen an den Gebäudeecken, filigran die *Loggia* mit den geschweiften Spitzbögen und eingesetzten Dreipässen, die in dekorativen Vierpaßöffnungen enden. Wuchtig und mächtig wirkt dagegen der Kubus des *Obergeschosses*. Er wird nur durch ein inkrustiertes zweifarbiges Marmormuster, durch Bogenfenster, prunkvoll gestaltete Mittellogen und orientalische Zierzinnen aufgelockert. Die hochgotische **Porta della Carta** an der Nahtstelle zwischen Palazzo und Markuskirche, das von Giovanni und Bartolomeo Bon in den Jahren 1438 bis 1442 geschaffene Prunktor, nimmt die Dreiteilung der Fassade auf. Sie führt in den Innenhof. Der Figurenschmuck stellt venezianisches Selbstverständnis dar. Aufsteigende Halbsäulen mit den personifizierten Haupttugenden, Tapferkeit, Besonnenheit, Barmherzigkeit und Weisheit, rahmen den vor dem Markuslöwen knienden Dogen Francesco Foscari (Kopie) über dem Tor und das spätgotische Fenster mit dem hl. Markus im Giebel. Über allem thronend die von zwei Löwen begleitete Personifikation der Gerechtigkeit.

Museum der Bauhütte und Innenhof

Die Exponate, die heute im **Museo dell' Opera** (Museum der Bauhütte) links der Porta del Frumento, dem neuen Haupteingang für Touristen, untergebracht sind, konnten ›open air‹ nicht mehr überleben. Viele Teile des ehemaligen Palastschmucks – wunderbare spätgotische Kapitelle, Säulen oder Skulpturenfragmente – wurden durch Kopien ersetzt. Die Originale stehen nun hier, im Westflügel des Erdgeschosses, und haben in den hellen Ausstellungsräumen an Wirkung gewonnen.

Aus dem Museum tritt man in den **Cortile**, den Innenhof, der die Palastfronten der Gotik mit einer spielerischen, überreich ornamentierten Renaissancearchitektur konfrontiert, die Antonio Rizzo gestaltete. Blickfänge sind die beiden bronzenen *Brunnenköpfe* aus der Mitte des 16. Jh. und die *Scala dei Giganti* (Treppe der Giganten) mit Jacopo Sansovinos Kolossalstatuen von Mars und Neptun, Symbolen der Macht Venedigs zu Lande und zu Wasser. Auf dieser Treppe leisteten neugewählte Dogen seit 1485 ihren Eid und blickten, während man ihnen den ›Corno Ducale‹, die goldbestickte Dogenkappe, aufs Haupt setzte, auf die Triumpharchitektur des gotischen *Arco Foscari*. Der figurale Schmuck an der reich dekorierten Torhalle ist sehr schön, sehr venezianisch. Er beginnt in den durch Adam und Eva symbolisierten ›menschlichen Niederungen‹, zeigt den überhöht dargestellten Dogen als Mittler zwischen Erde und Himmel und kulminiert in der Statue des hl. Markus.

Staats- und Repräsentationsräume

Fast alle prunkvollen Säle des Dogenpalastes können im Rahmen von Führungen besichtigt werden. Viele ihrer ursprünglichen, von Guariento, Antonio Vivarini, Giovanni Bellini, Vittore Carpaccio und Tizian geschaffenen Gemälde fielen Bränden zum Opfer und wurden von Jacopo Robusti, dem einst Tizian den Namen *Tintoretto* (›Färberchen‹) gab, und von *Paolo Veronese* erneuert. Das immer wiederkehrende Thema dieser Bilder ist die glanzvolle Selbstdarstellung der Republik Venedig.

Jacopo Sansovino konzipierte die von Alessandro Vittoria mit vergoldetem Stuck geschmückte **Scala d'Oro [1]** (1577), die in die oberen Stockwerke führt. Im 1. Obergeschoß (*piano primo*) befindet sich das **Appartamento del Doge [2]**, die Wohnung des Dogen. Soffitti, Stuck, wertvolle Kamine, Gemälde von Giovanni Bellini, Tizian, Carpaccio und Paris Bordone lassen das wertvolle, von Napoleons Soldaten gestohlene Mobiliar des Palastes nicht vermissen.

Die Scala d'Oro mündet im 2. Obergeschoß (*piano secondo*) in den **Atrio Quadrato [3]**, der mit seiner Kassettendecke in die venezianische Spielart der *Soffitti* einführt: Reich vergoldet sind hier die Schnitzarbeiten, aufgelöst die strengen Rechtecke der Renaissance, ovale, kreisförmige und vieleckige Formen dominieren. Tintorettos Deckenbild ›Justitia überreicht dem Dogen das Schwert der Gerechtigkeit‹ (1561–64) wird beispielsweise von einer oktogonalen Kassette gerahmt. Die Personifikation der Venezia erfährt schon in der angrenzenden tonnengewölbten **Sala delle Quattro Porte [4]** eine Überhöhung ins Mythologische. Hübsch unbescheiden erzählt die Bildgeschichte die Aufnahme Venezias in den Kreis der Götter, wobei ihr Jupiter die Seeherrschaft über das Mittelmeer überträgt. Ein Bild *Tiepolos* ergänzt emphatisch: ›Neptun bietet Venedig die Schätze des Meeres‹.

Die anschließende **Sala dell'Anticollegio [5]** ist ein Kunstkabinett mythologischer und biblischer Themen. Herausragend sind hier vier Spätwerke von *Tintoretto*, unter denen ›Venus vermählt Ariadne mit Bacchus‹ mit seinen schwebenden Figuren, den sanften Farbtönen, dem geheimnisvollen Licht besonders hervorsticht. Den leuchtenden Kontrapunkt dazu bildet *Paolo Veroneses* ›Raub der Europa‹. Die venezianische Vorliebe für ländliche Idyllen des 16. Jh. kommt in *Jacopo Bassanos* Gemälde ›Rückkehr Jakobs aus Kanaan‹ zur Geltung.

In der **Sala del Collegio [6]** (collegio = wichtigstes Gremium im Staat) tagten der Doge und seine Berater. Hier empfingen sie hohe und höchste Besucher. Seit seiner Neugestaltung nach dem Brand von 1574 beinahe unverändert geblieben, steht dieser Saal beispielhaft für die traditionelle Ausstattung der Prunkräume. Tizianschüler *Paolo Veronese* malte 1578

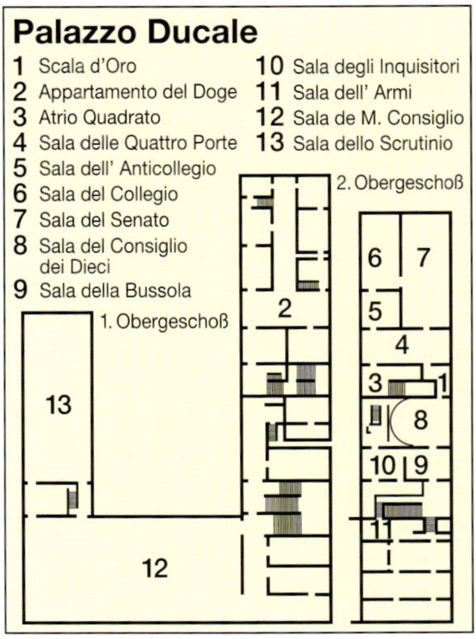

das große Wandbild ›Apotheose der Seeschlacht von Lepanto‹ über dem Dogenthron und schuf mit den Gemälden im Soffitto Allegorien, die auf den Machtanspruch Venedigs Bezug nehmen.

In der großen **Sala del Senato** [7] unter dem bewegten Soffitto mit dem großen Gemälde ›Venedig als Herrin der Meere‹ aus der Werkstatt Tintorettos entschieden die 60, später 100, in Purpurroben gewandeten Senatoren über so wichtige Angelegenheiten wie Krieg und Frieden. Die ungewöhnlichen Votivbilder, auf denen jeweils zwei Dogen gemeinsam abgebildet sind, stammen von Palma Giovane.

Jenseits der Scala d'Oro befindet sich die **Sala del Consiglio dei Dieci** [8]. Ein prunkvoller goldener Soffitto rahmt die Arbeiten des jungen Paolo Veronese. Die seit 1310 bestehende *Verfassungsschutzbehörde* mit weitgehenden richterlichen Befugnissen umgab sich mit allen Schrecken einer geheimen Macht. Unter Veroneses Deckengemälde ›Zeus schleudert seine Blitze gegen das Laster‹ (Original im Louvre) sprach das Inquisitionstribunal seine Urteile. Die Delinquenten warteten in der **Sala della Bussola** [9] auf ihre Vorführung, litten in der **Sala degli Inquisitori** [10] unter Tintorettos Bild ›Der verlorene Sohn‹ am perfiden Einfallsreichtum der Inquisitoren.

Die **Sala dell'Armi** [11] beherbergt eine Sammlung von etwa 2200 Waffen und Rüstungen.

Im Südflügel des *piano primo* gelangt man in die 1359 m^2 große **Sala del Maggior Consiglio** [12], den Sitzungssaal des ›Großen Rates‹. Die Originalausstattung stammte von dem Paduaner Guariento, von Gentile da Fabriano, Pisanello, Giovanni Bellini, Vittore Carpaccio und Tizian. 911 Patrizier waren anwesend bei der feierlichen Einweihung des Saals, der später bis zu 1800 Personen aufnahm. Die heutige Ausstattung entstand nach dem verheerenden Brand von 1577. Die Wände sind geschmückt mit Impressionen von Venedigs Glanz und Größe: Zu sehen sind u. a. die vom Dogen Sebastiano Ziani 1177 initiierte Aussöhnung zwischen Papst Alexander III. und Friedrich Barbarossa, und südseitig – sehr geschönt dargestellt – die Eroberung Konstantinopels 1453. Glanzpunkt ist Tintorettos berühmtes **›Paradies‹** (nach 1588) an der Stirnwand. Das mit 7 × 22 m größte Leinwandbild der Welt ersetzt Guarientos beinahe völlig verbranntes ›Paradies‹ (Reste in der Sala del Guariento). Der 70jährige Tintoretto malte 500 Figuren, die in wellenartigen Bewegungen zum mystisch erhellten Mittelpunkt um das Haupt Christi und die Sternen-

Größtes Leinwandbild der Welt für einen Sitzungssaal: Tintorettos ›Paradies‹ (nach 1588) in der Sala del Maggior Consiglio des Palazzo Ducale

Berühmtheit mit trauriger Vergangenheit: die Seufzerbrücke

krone der Maria drängen. Der ständige Wechsel von Licht und Schatten, Hell und Dunkel inmitten flutender Wolkenmassen erzeugt die Imagination pulsierender Vibrationen.

Oberhalb der Wandgemälde sieht man 76 historisierende *Dogenporträts*. Das Konterfei des Dogen Marino Falier, der als Verräter auf der Scala dei Giganti enthauptet wurde, ist geschwärzt. Dieser Fries leitet zum Soffitto über, der einmal mehr alle Herrlichkeit Venedigs rahmt. Das herausragende Werk unter all den Deckengemälden ist Veroneses ›Apotheose der Venezia‹. Ein wahrhaft kongenialer Rahmen für die Ratssitzungen!

Ebenfalls von Venedigs Glanz und Gloria künden die farbenfrohen Darstellungen von Seeschlachten und Siegen (u. a. Tintorettos ›Einnahme von Zara‹) in der **Sala dello Scrutinio** [**13**], wo die Vorbereitungen für die Dogenwahl getroffen wurden.

Öffnungszeiten siehe S. 134

3 Ponte dei Sospiri (Seufzerbrücke)

Vaporetto San Marco oder San Zaccaria

Der schnellste Weg vom Palazzo Ducale in den Kerker.

Im Piano delle Logge des Dogenpalastes weist man Besuchern den Weg zum Ponte dei Sospiri, der hell und freundlich wirkt und so gar nichts von seiner früheren Bestimmung verrät: Die 1603 von Antonio Contin vollendete Seufzerbrücke verband den Dogenpalast mit den **Prigioni Nuove**, dem im ausgehenden 16. Jh. entstandenen Gefängnisbau jenseits des Rio di Palazzo. Die Doppelgänge hallten nur von den Schritten An-

Oh, Casanova

Der Schauspielersohn **Giacomo Casanova** *wurde 1725 in Venedig geboren. Sein Leben: ein Glücksspiel mit steigenden und fallenden Losen in einer Zeit voll Leichtsinn, Grenzenlosigkeit und Sinnenrausch. Er war Priesteraspirant, Soldat, Geiger, Falschspieler, Tunichtgut, Hochstapler, Liebhaber, Verführer, Lustknecht, Erotomane, Spitzel, ein ›mauvais sujet‹, waghalsig, unstet und verrufen. Die Inquisitoren steckten ihn in die Bleikammern unter dem Dach der* **Prigioni Nuove**, *aber er entkam über die Dächer. Als er nicht mehr vermochte, »in den Gärten ein Gott und in den Wäldern ein Satyr zu sein«, fuhr er nach Böhmen, setzte sich in Schloß Dux an den Schreibtisch und verfaßte die frivole Chronik seiner eigenen Lüste. In Dux verbrachte er 13 Jahre. Ironisch versunken in das Heldische seiner pikanten Skandale, ärgerlich, weil die Faszination der Gewissenlosigkeit mit 70 nur mehr komisch wirkt.*

Als Giacomo Casanova, Chevalier de Seintgalt von eigenen Gnaden, 1798 in Böhmen starb, wurde er auf dem Grabstein zum ›Jakob‹. Seine **Memoiren** *gerieten erst 1820 in den Besitz des Dresdner Verlegers F.A. Brockhaus und wurden als ›Lebenserinnerungen‹ postum (1826–38) publiziert. Die frivol-amouröse Lebensbeichte wurde ein Bestseller!* **Federico Fellini** *zeichnete in ›Fellinis Casanova‹ (1976) seinen Protagonisten – dargestellt von Donald Sutherland – als neurotische Marionette der Lust.*

geklagter, Verurteilter oder ihrer Wärter wider. Delinquenten fanden sich in den *Pozzi*, den feuchten, unterirdischen Gefängnissen, oder, wie Casanova, in den *Piombi*, den Bleikammern im Dachgeschoß, wieder.

Die **Itinerari Segreti** (Geheimrundgänge) ermöglichen nach Anmeldung und im Rahmen einer Führung die Besichtigung der alten Verhör- und Folterkammern.

Den schönsten Blick auf die Seufzerbrücke hat man vom geschäftigen **Ponte della Paglia**, der seinen Namen von den Strohschiffen (paglia = Stroh) erhielt, die einst hier anlegten.

4 Libreria/Biblioteca Nazionale Marciana

Vaporetto San Marco oder San Zaccaria

Laut Andrea Palladio der schönste Palazzo Italiens.

Ein Florentiner, der in Rom arbeitete und nach Venedig floh, ein Bildhauer, der sich ganz dem Studium der Antike hingab, ein Besessener der Architektur, der das klassische römische Ideal der Hochrenaissance mit der venezianischen Dekorationslust verknüpfte: das war *Jacopo Sansovino* (1486–1570).

Der Ponte della Paglia, im Touristenstrom kaum zu erkennen, bietet die beste Aussicht auf die Seufzerbrücke

Seit 1530 oberster Baumeister von San Marco stellte er dem gotischen Palazzo Ducale ab 1537 einen ungemein effektvollen, durch sprühenden Skulpturenschmuck im Fries aufgelockerten **Arkadenbau** gegenüber, der im Erdgeschoß Läden und im 1. Stock die berühmte Bibliothek des 1453 aus Konstantinopel geflüchteten Kardinals *Johannes Bessarion* aufnehmen sollte. Die rasch voranschreitenden Arbeiten wurden 1545 durch einen Teileinsturz des Gebäudes jäh unterbrochen. Venedig warf seinen Chefbaumeister kurzerhand ins Gefängnis, und nur die Fürsprache seiner Freunde, des Malers Tizian und des spöttischen Schriftstellers Pietro Aretino, rettete ihn vor einem längeren Aufenthalt in der ungemütlichen Bleibe. Nach Sansovinos Tod vollendete der Palladio-Schüler *Vincenzo Scamozzi* 1582–88 den Bau.

Der Zug zum Monumentalen, der der Renaissance innewohnt, wird in der zweistöckigen Schauarchitektur durch Verflechtung römischer und venezianischer Formensprache gemildert. Hauptmotiv der **Fassade** ist die Kombination von Säulenkolonnade und Bogenstellung. Die den Bögen vorgesetzten Säulen geben der Arkadenwand Tiefe, Plastizität, ein bewegtes Schattenspiel. Girlanden und tanzende Putten auf dem breiten Fries lockern das obere Stockwerk auf, lassen es heiter und beschwingt erscheinen, während die Statuen der mythologischen Gottheiten auf der Balustrade darüber nicht einer gewissen Schwere entbehren.

Opulent ist das **Entree**, das zwei 1553–55 von Alessandro Vittoria (rechts) und Lorenzo Rubini geschaffene Karyatiden bewachen. Weitere Blickpunkte: die **Prunktreppe** zum Obergeschoß, Tizians Deckenbild ›Weisheit‹ (um 1560) in der **Antisala** und schließlich die große **Sala Dorata**, der ursprüngliche Bibliothekssaal (ab 1555), mit allegorischen Malereien von Paolo Veronese, Giovanni Battista Zelotti, Bernardo Strozzi, Giovanni De Mio, Giuseppe Porta Salviati und Andrea Schiavone im Soffitto. Einige der Philosophenporträts an den Wänden stammen von Jacopo Tintoretto.

Der Besuch der **Biblioteca Nazionale Marciana** in der Libreria (Eingang Piaz-

Schauarchitektur in Vollendung: die Libreria Vecchia neben dem Campanile von San Marco

zetta), der Staatsbibliothek mit ihren heute über 900 000 Bänden, 13 000 Handschriften und rund 3000 Inkunabeln, ist nur nach Voranmeldung möglich.

Öffnungszeiten siehe S. 133

5 Zecca

Vaporetto San Marco

Die Münze – Sansovinos ›Palast des Geldes‹.

Bereits im 13. Jh. befand sich die venezianische Münze im Bereich von San Marco. Der Prägung des ›grosso d'argento‹, des Silbergroschens, mit dem Bild des hl. Markus, der dem Dogen das Markusbanner überreicht, folgte ab 1284 die Ausgabe der berühmten venezianischen ›zecchini‹ (Zechinen), der im Abend- und im Morgenland heißbegehrten Golddukaten. Über 500 Jahre lang behielten diese Münzen aus 24karätigem Gold ihr Feingewicht von 3,56 g bei.

Gleichzeitig mit der Libreria, an diese wasserseitig anschließend, hatte Jacopo Sansovino 1537–45 die neue Zecca konzipiert. Die **Fassade** der ›Festung des Geldes‹, die lange Zeit ein sicherer Hort für den Staatsschatz war, ist ernst und abweisend. Geld und Schatz waren dennoch vergänglich. 1797, in den Tagen Napoleons, wurde ein Teil des Kirchenschatzes von San Marco in der Münze eingeschmolzen. 1870 wurde die Zecca geschlossen. In den Sälen sind heute Teile der venezianischen **Staatsbibliothek** untergebracht.

Die Piazza San Marco – einzigartiges Architekturensemble, Bühne und schnellschlagendes Herz der Stadt

Fast nahtlos geht die Piazzetta in das strenge, schöne Rechteck der **Piazza San Marco** über, deren heutige bauliche Geschlossenheit das Werk eines Jahrtausends ist. Von den langgestreckten Arkadenbauten der **Procuratie Vecchie**, der **Procuratie Nuove** und der **Ala Napoleonica** gerahmt, ruht die **Basilica di San Marco** wie eine vergoldete Perle in dieser steinernen Muschel. **Campanile**, **Loggetta** und **Torre dell'Orologio**, wo der Markuslöwe selbst über den venezianischen Stundenschlag wacht, sind viel mehr als Schmuck und ästhetisches Beiwerk.

Spätabends und nachts, vom Eingang Calle dell'Ascensione, unter den Arkaden der Ala Napoleonica, ist der Blick über die Piazza am schönsten.

TOP TIP 6 Piazza San Marco

Vaporetto San Marco oder San Zaccaria

Schönheit legt sich wie ein Mantel über die Brüchigkeit der Bausubstanz. Gerüste verbergen Sehenswürdigkeiten oft jahrelang.

Ursprünglich glich der Platz einem ländlich-friedvollen Pastorale: Ein Kanal floß, auf den Bäumen reifte Obst, die Nonnen von San Zaccaria zogen Gemüse. Doch schon im 12. Jh. manifestierte sich die Repräsentationsidee. Der Neubau der Basilica di San Marco [Nr. 7] sollte einen opulenten Rahmen bekommen, eine würdige Piazza für farbenprächtige Feste, ein Forum für Gespräche über Handel und Wandel, Geschäfte und Privates.

Die Einfassung des Platzes mit den gewaltigen Arkadenbauten war ein Bauauftrag für Jahrhunderte. Den Abschluß nach Westen bildete seit dem 16. Jh. Sansovinos *Chiesa San Geminiano*. Die Kirche stünde noch, der Platz wäre offener,

Selten kann man die wunderschöne Marmorornamentik der Piazza San Marco so gut sehen. Sie geht meist in Besucherströmen und Kaffeehaussesseln unter

Tolle Tage, schöne Masken

›Giuoco degli Ovi‹, *das ›Eierspiel‹, zählt zu den Wurzeln des venezianischen Karnevals. Schon im beginnenden 13. Jh. tauchten kostümierte Kavaliere mit herausgeputzten Teufeln im Geleit auf, um die Herzdamen mit duftwassergefüllten Eiern zu bewerfen. Dem ›Großen Rat‹ gefiel's nicht, er untersagte das Spiel 1268. Etwa zwei Jahrzehnte später sah man in Venedig die ersten* **Masken**. *Ein halbes Jahrhundert später wurden sie verboten. Ständig gab es neue Gesetze gegen das Tragen von falschen Bärten, Masken, Verkleidungen, doch die Venezianer zeigten sich resistent. Immer länger dehnten sie ›Il carnevale‹ aus.*

1756 drangen die ersten Frauen in die männliche Spaßmacherdomäne ein und trugen die ›maschera nobile‹. Die schönen Masken sind zum Leben erweckte Bilder der **Commedia dell' Arte**. *Ihre Figuren verkörpern die Eigenheiten der Provinzen und Städte Italiens. Da ist unter vielen anderen Pantalone, der spitzbärtige Venezianer mit rotem Wams und türkischen Schnabelschuhen, der komische Dottore aus Bologna mit Riesenhut und Spitzenkragen. Da gibt es den listigen Arlecchino mit schwarzer Halbmaske und sein kokettes Täubchen Columbina, den gefräßigen Diener Pulcinella, der sich hinter einer Vogelmaske verbirgt, den Aufschneider Scaramuccia in der schwarzen spanischen Tracht und den schwarz gewandeten Tod mit der weißen Maske.*

Als sich der barocke Überschwang im Sinnenrausch des Rokoko Bahn brach, begann auch die Signoria am Festetrubel teilzunehmen. Im 18. Jh. eröffnete sie **›Il Carnevale‹** *hochoffiziell und kostümiert auf der Piazza San Marco. Prächtige* **Bälle** *wurden gegeben, auf vielen Campi fanden bunte* **Feste** *statt, Zauberer zauberten, und Seiltänzer tänzelten, auch ein Rhinozeros trat auf, und Pietro Longhi hat es gemalt* *[s. S. 58]*.

1797 verflog mit **Napoleon** *der Zauber des Spiels und die Attraktion des schönen Scheins. Erst* **1979/80** *wurde der venezianische Karneval von Künstlern, im Bunde mit Tourismusstrategen, wieder reanimiert. Die Kulisse ist noch immer venezianisch, aber das Fest wurde für Touristen- und Kameraaugen aufbereitet, es hat seine Ursprünglichkeit längst eingebüßt.*

weniger saalhaft, hätte nicht Napoleon das Gotteshaus zugunsten der *Ala Napoleonica* abreißen lassen.

Die durch weiße, geometrische Marmorornamentik aufgelockerte Trachytpflasterung der Piazza entwarf Andrea Tirali 1723. Der meistfotografierte Platz der Welt ist heute baumlos, grünlos, denkmallos und wäre im Grund würdevoll leer, hätten ihn die Cafés nicht mit einem Heer von Stühlen und Tischchen möbliert. Im Sommer und während des Karnevals gehört er den Touristen und Tauben. Im Winter verödet er, manchmal holt ihn das Hochwasser ein, und die Taubenfänger gehen um.

TOP TIP 7 Basilica di San Marco

Piazza San Marco
Vaporetto San Marco oder
San Zaccaria

Reliquienschrein, Staatstempel, Hort byzantinischer Mosaiken, Schatzhaus für Beutekunst.

Das goldglitzernde Märchengebilde von San Marco verknüpft den Architekturstil der berühmten Apostelkirche in Konstantinopel, einen typisch byzantinischen Kreuzkuppelbau, mit dem der Spätgotik abendländischer Kathedralen sowie mit venezianischer Dekorationslust. Seine **Baugeschichte** läßt sich von der spirituellen Komponente nicht trennen. Die Kirche wurde wegen der – und immer wieder um die – Markusreliquien gebaut. Die *erste Dogenkapelle* auf dem berühmten Bauplatz entstand zu Beginn des 9. Jh. und wurde Venetiens erstem Schutzpatron, San Todaro, geweiht. Der griechische Heilige mittleren Ranges geriet rasch ins Abseits, als die ›erstklassigen‹ *Reliquien* des Evangelisten Markus nach Venedig gelangten. Die ›Translatio Sancti Marci‹, die Überführung der Markusreliquien von Alexandria nach Venedig, ist legendär. Zweifelsfrei steht nur fest: Zwei Kaufherren bezeichneten die mitgebrachten Gebeine als die des hl. Markus, der Doge proklamierte sie dazu, Venedig glaubte an die Echtheit und umkränzte sie mit der Aura des Staatsheiligtums.

Die *erste Markuskirche*, ein rasch errichteter Holzbau (829–836) ging 976 in Flammen auf, die zweite, eine dreischiffige *romanische Basilika*, Ende des 10. Jh. fertiggestellt, riß man Jahrzehnte später aus Eitelkeit und Geltungsbedürfnis ab. Die dritte, die sogenannte *Contarini-Kirche*, die im wesentlichen während des Dogats von Domenico Contarini (1043–70) entstanden war, verschlang platzgreifend das alte San-Teodoro-Kirchlein. Dieser Bau über kreuzförmigem Grundriß mit seinen fünf Kuppeln blieb im Kern bis heute erhalten. Auf wunderbare Weise fand die ›Inventio Sancti Marci‹, die Wiederfindung der seit dem Brand von 976 unauffindbaren Markusreliquien, rechtzeitig zur Einweihung der neuen Kirche 1094 statt. Die Legende: Doge Vitale Falier und die hohe Geistlichkeit beteten um ein Wunder. Es geschah. Die Erde bebte, ein Kirchenpfeiler öffnete sich und gab die Reliquien frei.

Im Jahr 1177 erfolgte vor der Basilika die feierliche *Versöhnung* von Papst Alexander III. und Friedrich Barbarossa. Europa sah interessiert zu, der Venedigtourismus setzte mit aller Macht ein.

1204, nach der schändlichen Plünderung des christlichen Byzanz (Konstantinopel) durch christliche und venezianische Kreuzritter, begann eine *neue große Bauphase* der Markuskirche. Unermeßliche Beute war in die Hände der Venezianer gefallen. Sie stellten sie ohne Scham in ihrem ›Staatsdom‹ zur Schau. Die Kuppeln wurden erhöht, als hätte Stolz sie aufgebläht, der Narthex erwei-

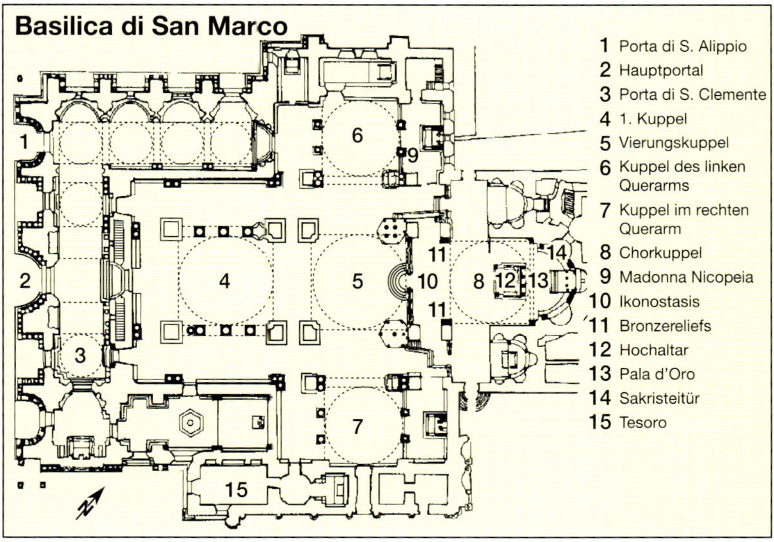

Das Mosaik über der Porta S. Alippio von San Marco als Zeitdokument: ›Die Reliquien des hl. Markus werden in die Kirche gebracht‹

tert, Marmor eingebracht, Mosaiken und Gold aufgetragen, die Fassade wurde überreich mit erbeuteten Säulen und den ›Pferden von San Marco‹ geschmückt. Seine *endgültige Gestalt* erhielt der Bau ab dem 14. Jh., als die Gotik spitze Arkadenbögen, Maßwerk an den Fenstern, Statuen, vergoldete Türmchen und Giebelspitzen beisteuerte.

Die Basilika gehörte bis zum Erscheinen Napoleons in Venedig 1797 als Hauskirche den Dogen. Die Patriarchen hatten ihren Sitz in San Pietro di Castello [Nr. 75].

Die Fassade – ein erstaunliches Sammelsurium von Baustilen

Die Baumeister von San Marco schwelgten in Säulen, denn es gab genug davon. Säulen an Stelle von Skulpturen schmücken die zweigeschossige **Hauptfassade** an der Piazza, die ihre Bewegtheit durch fünf tiefe Tornischen erhält, die oberhalb der Galerie in fünf Blendbögen ihre Entsprechung finden. Im Gegensatz zu den anderen, vielfach erneuerten Mosaiken oberhalb der Portale ist jenes über der **Porta di S. Alippio** [**1**] in der 1. Nische links noch original. Die Mosaizisten des 13. Jh. gestalteten hier ein bemerkenswertes Zeitdokument: die Basilika als Rahmen für die Reliquienüberführung, zwar bereits mit überhöhten Kuppeln und der in Konstantinopel erbeuteten Bronzequadriga, aber noch ohne gotischen Zierrat.

Die berühmten **›Pferde von San Marco‹** auf der Galerie sind längst durch Kopien ersetzt worden [s. S. 32].

Während die skulpturale Ausgestaltung im Bogenlauf des **Hauptportals** [**2**] noch aus der Romanik stammt, ist das ›Jüngste Gericht‹ in der Lünette eine Arbeit des 19. Jh.

Eng umschlungen, Herkunft ungewiß: die Tetrarchen an der Südfassade von San Marco

Atemberaubend – der monumentale Innenraum der Basilica di San Marco mit den märchenhaften goldgrundigen Mosaiken und der kostbaren Pala d'Oro auf dem Hauptaltar (Bildmitte)

Den oberen Abschluß der Fassade bilden die vergoldeten Türmchen mit den frei stehenden Statuen der Evangelisten und die Engelstreppe am Mittelbogen, die hinauf zur alles überragenden Figur des hl. Markus führt.

An der **Südfassade** zur Piazzetta hin springen die beiden frei stehenden, überreich mit Reliefs überzogenen, im 6. Jh. in Syrien gearbeiteten *Pilastri Acritani* ins Auge. Sie sind Beutegut nach dem Sieg über Genua (1257) bei Akko im heutigen Israel. Die vier spätantiken, weitgehend rätselhaften, in die Ecken der Cappella del Tesoro eingefügten *Tetrarchen*, Porphyrfiguren ungesicherter Herkunft, sind vermutlich ägyptische Arbeiten aus dem 4. Jh. n. Chr.

Auch die **Nordseite** zur Piazzetta dei Leoncini mit dem Palazzo Patriarcale entspricht in ihrer Gliederung der Westfassade. Beachtenswert ist die *Porta dei Fiori* aus der 2. Hälfte des 13. Jh. mit der Darstellung der Geburt Christi im Tympanon.

Vorhalle und Innenraum

Selten ist der **Narthex**, die Vorhalle einer Kirche, eindrucksvoller, nimmt so sehr das Innere vorweg wie in San Marco. Das farbenprächtig-dekorative, lebendig gestaltete Bildprogramm der *Kuppelmosaiken* stammt von venezianischen Künstlern aus dem 13. Jh. Es erzählt die Schöpfungsgeschichte, symbolisiert mit dem ›Turmbau zu Babel‹ die Einteilung der Menschen in Sprachgruppen und illustriert Episoden aus dem Leben Abrahams, Josephs und Moses'.

Die **Porta di S. Clemente** [**3**], eine in Byzanz gearbeitete silberbeschlagene Bronzetür, gewährt Einlaß in den ergreifenden **Innenraum**, in dem das gewaltige Bilderbuch der 4200 m² bedeckenden Mosaiken die Architektur in den Schatten stellt. Das spärliche Licht, das durch die Rundbogenfenster der Kuppeln eindringt, läßt den Goldgrund der farbigen Mosaiken magisch erglänzen und schafft eine mystische, märchenhaft-orientalische Stimmung. Die untere Wandzone, Pfeiler und Archivolten sind mit geflammtem Marmor verkleidet. Die obere Wandzone, Tonnengewölbe und Kuppeln sind mit **Goldmosaiken** geschmückt, die sich zu einem monumentalen christologischen Zyklus zusammenfügen. Stilistische Merkmale bezeugen die unterschiedliche Entstehungszeit der Darstellungen. Zahlreiche Restaurierungen haben ebenfalls Spuren hinterlassen. Über Aposteln, Engeln und Heiligenszenen in der Wandzone steigen die **Kuppelmosaiken** in den himmlischen Bereich auf. Zu den ältesten Arbeiten (12. Jh.) zählen die Mosaiken der **1. Kuppel** [**4**] nach dem Eingang mit dem ›Pfingstwunder‹. Auf das Passionsgewölbe folgt, am Schnittpunkt von Langhaus und Querhaus, die große **Vierungskuppel** [**5**], die die Himmelfahrt Christi zum Thema hat. In der **Kuppel des linken Querarms** [**6**] ist die Vita des Evangelisten Johannes dargestellt, die **Kuppel im rechten Querarm** [**7**] zeigt die Heiligen Nikolaus, Clemens, Blasius und Leonhard. An der westlichen Wand des rechten Querarms sind beachtenswert das ›Gebet in San Marco‹ und die ›Erscheinung der Markusreliquien‹ als Bildergeschichte zur legendären ›Inventio‹ [s. S. 28]. Die Mosaiken der **Chorkuppel** [**8**] gipfeln im ›Segnenden Christus‹.

Hohes Ansehen bei Gläubigen und Wallfahrern genießt die juwelenbesetzte byzantinische Ikone der **Madonna Nicopeia** [**9**] in der gleichnamigen Kapelle an der Ostwand des nördlichen Querschiffs. Auch sie ist ein Raubstück aus Konstantinopel.

Aus dem wahren Überfluß der Kirchenausstattung ragen die Kunstwerke des *Chorbereichs* heraus. Prachtvoll gearbeitet ist die 1394–1404 in Form einer Kolonnadenreihe angelegte **Ikonostasis** [**10**] mit den bekrönenden Marmorfiguren der Muttergottes, des hl. Markus und der zwölf Apostel von Jacobello und Pierpaolo Dalle Massegne. Von Jacopo Sansovino stammen die **Bronzereliefs** [**11**] (1537 und ab 1540) der seitlich dahinter liegenden Sängertribünen. Der **Hochaltar** [**12**], der 1834–36 unter Verwendung älterer Teile umgestaltet wurde, birgt die Reliquien des hl. Markus. Unendlich kostbar sind die vier reliefierten Alabastersäulen, die den Baldachin tragen.

Alles überstrahlt jedoch die von byzantinischen und venezianischen Goldschmieden gearbeitete **Pala d'Oro** [**13**], ein 1,40 × 3,45 m großer Altaraufsatz mit überreichem Edelsteinschmuck und herrlichen Emailbildern, die das Leben Christi, der Jungfrau Maria und des hl. Markus thematisieren. Vom ausgehenden 10. bis ins 14. Jh. wurde an der Tafel gearbeitet, um 1345 ordnete der venezianische Goldschmied Gianpaolo Buoninsegna die Medaillons, Emailplatten und Tafeln rund um den Thronenden Christus im Mittelfeld neu an. Von hohem künstlerischen Rang ist auch Jacopo Sansovinos bronzene **Sakristeitür** [**14**] mit den Darstellungen von ›Grablegung‹ und ›Auferstehung‹ Christi. In einer der kleinen Büsten hat sich der Meister neben Tizian, Aretino, Palladio und Veronese selbst verewigt.

TOP TIP

Tesoro [15]

Erlesene Gold- und Silberschmiedearbeiten, Tapisserien und Pokale aus Byzanz, Kultgegenstände aus der Hagia Sophia und 110 Reliquienbehälter mit all den

Weitgereist – die Pferde von San Marco sind antike Meisterwerke aus Griechenland

entwendeten und so selten gekauften Knöchelchen einer großen Heiligenschar werden hier im Tesoro der Basilika aufbewahrt. Noch weit umfangreicher war der Kirchenschatz von San Marco, ehe Napoleons Soldaten ihn plünderten und große Teile in der Zecca [Nr. 5] eingeschmolzen wurden.

Über eine Treppe rechts vom Hauptportal erreicht man das **Museo Marciano** oberhalb des Narthex, das liturgische Geräte und Gewänder, Ikonen und Tapisserien präsentiert. Von höchster Qualität ist hier Paolo Venezianos *Schutzhülle* für die *Pala d'Oro*, die früher nur an Festtagen abgenommen wurde. Beinahe traurig stimmt dagegen der Anblick der originalen **Pferde von San Marco**, die von der Kirchenfassade ins Innere übersiedelt wurden. Sie haben eine überaus wechselvolle Geschichte hinter sich: Im 1. Jh. n. Chr. gelangten die Rosse aus Griechenland nach Rom, zierten dort die Triumphbögen von Nero und Trajan, bis sie Kaiser Konstantin im 4. Jh. nach Byzanz bringen ließ. 1204 fielen sie den Venezianern unter Enrico Dandolo in die Hände, man brachte sie unverzüglich in die Serenissima, lagerte sie im Arsenal zwischen und stellte sie dann auf die Balustrade der Basilika. Ebenso erpicht auf den Besitz der Rosse wie Doge Dandolo war dann auch Napoleon. Er ließ sie 1797 nach Paris bringen und auf der Place du Carrousel aufstellen. Österreichs Kaiser Franz I. sorgte für die Rückführung nach Venedig. Seit 1982 stehen die Pferde von San Marco unter ihrem jetzigen Dach. Das Museumsdunkel ist ein schäbiges Ende für die weitestgereiste und meistentwendete Quadriga der Welt!

Öffnungszeiten siehe S. 134

8 Campanile

Vaporetto San Marco oder
San Zaccaria

Für Seeleute Leuchtfeuer, für Venezianer ›Herr des Hauses‹, für Touristen schönster Ausguck vom Meer bis zu den Alpen.

An der Nahtstelle von Piazzetta und Piazza San Marco ragt der 98 m hohe Campanile auf. Die Wurzeln des frei stehenden venezianischen Giganten in Backsteinrot mit weißer Bekrönung reichen bis ins 9. Jh. zurück. Die Aufstockung im 12. Jh. sowie die Hinzufügung von Glockenstube und Spitzdach mit vergoldeter Engelsstatue im beginnenden 16. Jh. nahmen dem romanischen Bau zwar etwas von seiner Schwere, veränderten jedoch nichts an der Gesamterscheinung seiner mächtigen, nur durch

Wandelhalle der Patrizier: Jacopo Sansovinos Loggetta am Fuß des Campanile

Warten auf den großen Ansturm: so vereinsamt wie hier sind die Tischchen des Caffè Quadri vor den Procuratie Vecchie nur selten

schmale Lisenen gegliederten himmelwärts strebenden Wandflächen.

Venedigs **Wahrzeichen**, seit einem Jahrtausend dominant im Stadtensemble, stürzte am 14. Juli 1902 infolge vorangegangener Gewitterstürme ein. Beklagenswerte Opfer: Sansovinos zierliche Loggetta [Nr. 9] und die Katze des Türmers. Unverzüglich erfolgte der stilgerechte Wiederaufbau. Mit einem Fahrstuhl erreicht man das Klangarkadengeschoß. Die Fernsicht ist spektakulär: Über die Inseln hinweg sieht man bis zur Adria und im Norden bis zu den Alpen.

9 Loggetta

Vaporetto San Marco oder San Zaccaria

Einst Wandelhalle und Debattierclub der Patrizier.

Jacopo Sansovinos hübsche Loggetta, dem Campanile an seiner Ostseite vorgeblendet, fügt verschwenderische Renaissancearchitektur an den romanischen Turm und setzt das Programm der weitgespannten Stadtverschönerung, dem sich Venedig im 16. Jh. verschrieben hatte, mit venezianischer Selbsterhöhungssymbolik um. Die **Wandelhalle** der Patrizier entstand 1537–40, wenige Jahre, bevor Tintoretto und Veronese im Palazzo Ducale [Nr. 2] ihre von der venezianischen Staatsikonographie diktierten Deckengemälde schufen. Wann immer Venedigs Nobili in den Arkaden der Wandelhalle politische oder kaufmännische Verschwörungen ausheckten, taten sie es unter den Augen einer auf dem Löwenthron sitzenden ›gerechten‹ Venezia im zentralen Attikarelief und unter Sansovinos Bronzefiguren Minerva, Apoll, Merkur und Nike.

Der einstürzende Campanile [Nr. 8] schlug 1902 die schöne Triumpharchitektur in Stücke. Die Wiederherstellung erfolgte unter Verwendung von Originalteilen.

10 Procuratie Vecchie

Vaporetto San Marco oder San Zaccaria

Gebäudeverwaltung mit Stil, Kaffehäuser mit Tradition.

Zentraler konnte man die Procuratie, die Gebäudeverwaltungen von San Marco, nicht positionieren. Und nirgendwo sonst in Venedig wurde die Architekturform der Säulenarkaden konsequenter verwirklicht als hier. Im 13. Jh., als die Raubschätze besonders zahlreich in die Basilika hereinströmten, entstand der **erste Bau** der Prokuratien. Der Prokurator, Angehöriger des Hochadels, auf der Vorstufe zum Amt des Dogen, überreich mit Geld und Macht ausgestattet, resi-

Augenweide im Häusermeer – Torre dell'Orologio mit den glockeschlagenden Mohren

dierte in einer zweistöckigen Anlage im veneto-byzantinischen Stil. Baufälligkeit und Platzmangel machten im beginnenden 16. Jh. eine teilweise Erneuerung und Vergrößerung des Gebäudes notwendig. Die **Fassade** der Frührenaissance mit schier endlosen Arkadenreihen – 50 Bögen im Erdgeschoß, je 100 im 1. und 2. Stock –, von Zierzinnen und Vasen gekrönt, kann ihre Wurzeln in der veneto-byzantinischen Kunst Venedigs nicht leugnen.

Heute üben hier vor allem zwei traditionsreiche Kaffeehäuser magnetische Anziehungskraft auf Einheimische wie Touristen aus: **Caffè Quadri** und **Gran Caffè Lavena**. Berühmtheiten wie Lord Byron und Alexandre Dumas, Marcel Proust und Richard Wagner tranken unter herrlichen Leuchtern aus Murano und vor glitzernden Spiegeln Kaffee, speisten im Restaurant und betrachteten bei ›Oratina al forno‹ durch die Fenster das Treiben auf der Piazza.

TOP TIP

11 Torre dell'Orologio

Piazza San Marco
Vaporetto San Marco oder San Zaccaria

Der Markuslöwe wacht über den venezianischen Stundenschlag.

Effektvoll präsentiert sich die Torre dell' Orologio im Anschluß an die Procuratie Vecchie. Mauro Codussi, vielleicht auch Pietro Lombardo, entwarf den zwischen 1496 und 1499 erbauten vierstöckigen Turm, der zu Beginn des 16. Jh. um die beiden Flügelbauten erweitert wurde.

Die **Turmuhr**, 1492 eingeweiht, ist die weltweit einzige mit zwei Zifferblättern und einem Kontrollblatt. Der Lauf von Sonne und Mond, die Tierkreiszeichen, die Monate und die Tage des Jahres werden angezeigt. Seit 1858 richteten sich alle Uhren Venedigs nach der Zeit des Torre dell'Orologio. Nun werden Uhrwerk und Turm restauriert. Zum 500. Jubiläum des Turms am 1. Februar 1999 bekommt Venedig wieder das Maß seiner Zeit zurück.

Die Madonnenstatue über der Kunstuhr leitet zum Markuslöwen und den stundenschlagenden Bronzefiguren der **Mohren** (›Mori‹) auf dem Dach über.

An einem Frühlingstag des Jahres 1910 stieg der Schriftsteller *Emilio Marinetti* auf dieses Dach und ließ das sog. *Manifesto futurista* wie Konfettiregen auf die Piazza niedergehen. Staunend lasen die Veneziani, daß sie in einem »edelsteingeschmückten Sitzbad für kosmopolitische Kurtisanen« lebten und daß sich ein Retter gefunden habe, der die Stadt heilen wolle, indem er die Kanäle mit dem Schutt der einstürzenden Paläste fülle, die Gondeln verbrenne und an Stelle der weichen Kurven der alten Bauten Metallbrücken und rauchgekrönte Fabriken errichten wolle. Ein Weizenkorn blieb in all der Spreu zurück: Industrie entstand tatsächlich, allerdings in Mestre auf der Terra ferma. Heute muß sie jedoch wieder reduziert werden, um Venedig vor einer ökologischen Katastrophe zu bewahren.

12 Procuratie Nuove / Ala Napoleonica / Museo Correr

Vaporetto San Marco oder San Zaccaria

Vorübergehende Residenz Napoleons in der Lagunenstadt und eine erstklassige Kunstsammlung.

Noch mehr Verwaltung, noch mehr Beamte: *Vincenzo Scamozzi*, zu diesem Zeitpunkt bereits Bauleiter der Libreria [Nr. 4], und später *Baldassare Longhena* errichteten ab 1582 an der Südseite der Piazza San Marco die **Procuratie Nuove**, die Neuen Prokuratien, in überdeutlicher Anlehnung an Sansovinos Bibliothek.

Damals stand an der Westseite, gegenüber der Basilica di San Marco, noch Sansovinos umgestaltete Kirche *San Geminiano*. Napoleon ließ sie abreißen und mit der **Ala Napoleonica**, dem Napoleonischen Flügel, den Platz saalartig schließen. Diesen neuen Trakt wünschte er sich als standesgemäßen Prunkeingang, in den Procuratie Nuove wollte er imperial residieren. Ein Traum, der nur kurze Zeit währte. Habsburger und italienische Könige folgten.

Seit 1922 ist in den Räumen, die Napoleon zur eigenen Verherrlichung bestimmt hatte, das Museo Correr untergebracht.

Museo Correr

Das Museum verdankt Name und Entstehung dem leidenschaftlichen Sammler Teodoro Correr, der Venedig 1830 seine Kunstsammlung vermacht hatte.

Ein festliches Treppenhaus in der Ala Napoleonica führt hinauf zum 1. Stock in die klassizistischen Säle der Residenz. Zwei Räume bilden den kongenialen Rahmen für die Arbeiten von **Antonio Canova** (1757–1822), dem Hauptmeister des italienischen Klassizismus.

In den anschließenden **Stadtgeschichtlichen Sammlungen**, die in den Flügel der Procuratie Nuove übergreifen, wurde Venedigs große Vergangenheit, seine urbanistische Entwicklung, seine Vormachtstellung im östlichen Mittelmeer und auf der Terra ferma optisch sehr ansprechend aufbereitet. Einige Säle sind den Dogen, ihren Amtstrachten, der Dogenwahl und den Festen gewidmet. Globen, Seekarten, Venedigveduten, Waffensammlungen, Schiffsmodelle und Ausstellungen zu Kunst und Handwerk zeugen von der glanzvollen venezianischen Vergangenheit.

In vier weiteren Sälen zeigt man Bronzefiguren der Renaissance aus der paduanischen und venezianischen Schule.

Im 2. Obergeschoß ist die **Gemäldegalerie** (*quadreria*) untergebracht. Der Bogen spannt sich von der venezianischen Malerei des Trecento mit Werken *Paolo Venezianos* über die Malerei der Gotik zu den Meistern der Frührenaissance wie etwa den Ferraresen *Cosmè Tura* und *Baldassare Estense* (›Porträt eines jungen Mannes‹) zu *Bartolomeo Vivarini* aus der Muraneser Malschule. Unbestrittene **Höhepunkte** der Sammlung sind in Saal 36 Werke der Brüder *Giovanni Bellini* (›Engelspietà‹) und *Gentile Bellini* (›Porträt des Dogen Giovanni Mocenigo‹) und in Saal 38 *Vittore Carpaccios* ›Die zwei Damen‹. Ergän-

Wo Venezianer und Tausende ihrer Besucher zusammentreffen: das berühmte Caffè Florian

zend werden in Saal 40 Elfenbeinarbeiten vom 14. bis 18. Jh., in den folgenden Sälen griechische Madonnenbilder aus dem 16. und 17. Jh. sowie Majolikaarbeiten des 15. und 16. Jh. aus Urbino und Faenza gezeigt.

Das **Museo del Risorgimento**, das an die Kunstsammlungen anschließt, dokumentiert durch Bilder, Urkunden und Kunstgegenstände etwas kunterbunt das Ende der Republik (1797), die Zeit der napoleonischen und der österreichischen Herrschaft, die Periode des Widerstandes und den dornigen Weg bis zur Einverleibung Venedigs in das Königreich Italien 1866.

Öffnungszeiten siehe S. 133

TOP TIP 13 Caffè Florian

Piazza San Marco
Vaporetto San Marco oder
San Zaccaria

Einzigartige Kulisse, Konzerte unter freiem Himmel, eine Institution, wo ›Tutta Città‹ verkehrt.

Aufgrund seiner Handelskontakte mit den Osmanen kannte Venedig Kaffee seit 1615. 1683 wurde unter den Procuratie Nuove [Nr. 12] das erste Café eröffnet. Die neue Lust auf das duftende schwarze Gebräu löste einen Boom aus. 1759 wurde bezeichnenderweise ein Gesetz erlassen, das die Zahl der venezianischen Kaffeehäuser auf 206 beschränkte. Die Piazza San Marco sah Dutzende von ihnen kommen und gehen. Geblieben sind drei: Caffè Quadri, Caffè Lavena und Caffè Florian.

Floriano Francesconi eröffnete 1720 sein Caffè ›Alla Venezia Trionfante‹ an dieser Stelle. Als Napoleon die beiden Arkadengänge der Procuratie in ›Galerie der Gleichheit‹ und ›Galerie der Freiheit‹ umbenannte, erschien Valentino Francesconi, Freund des Bildhauers Canova, der Name ›Zum venezianischen Triumph‹ wohl nicht mehr zeitgemäß, und er taufte das Café kurzerhand nach seinem Gründeronkel in ›Caffè Florian‹ um. 1885 erhielt es sein heutiges Aussehen, die Bildtafeln im Salotto del Senato, den Persischen und den Griechischen Raum und die ›Galleria delle Stagioni‹. Noch heute gehen hier Berühmtheiten aus und ein, die Preise sind hoch, Augenschmaus und Genüsse fast unüberbietbar. Die Kapellen spielen kurioserweise in den Abendstunden unter den Fenstern des Museo del Risorgimento, das ja den Widerstand gegen die österreichische Besatzung eminent verherrlicht, Arrangements aus Wiener Operetten.

Die erste Schlinge des Canal Grande – Laufsteg der Palazzi

In Venedig ist das Wasser die Straße, der Canal Grande die Hauptverkehrsader. Landfahrzeuge bleiben auf der künstlichen Parkinsel Isola del Tronchetto und in den Parkgaragen am Piazzale Roma zurück, für die Eisenbahn ist der Bahnhof S. Lucia Endstation. *Vaporetti* (Linienboote), *Motoscafi* (Wassertaxis) und *Gondole* (Gondeln) bieten sich für die Weiterfahrt an. Die erste Teilstrecke der **Wasserfahrt** am Canal Grande bis Rialto kann an fünf Vaporettostationen unterbrochen werden, in erster Linie ist sie jedoch eine Augenreise von Palazzo zu Palazzo. Überall sieht man **historische Bauten** voller Schönheit und brüchiger Pracht, wunderbare Fassaden und verwischte Gedenktafeln. Das Erbe von ›La Serenissima‹ ist teuer, die Kosten für Restaurierungen sind exorbitant, und viel Geduld ist angebracht.

14 Canal Grande

Die nasse ›Via triumphalis‹.

Hektik und Lärm weltstädtischer Straßen sind auch dem ›Großen Kanal‹ nicht fremd. Die einstige Mündungsschleife der Brenta, 3,8 km lang, 30–68 m breit und bis zu 5 m tief, wird von Einheimischen liebevoll ›Canalazzo‹ genannt. Für die ersten Venezianer war sie **Haupthandelsstraße**, später fielen ihre Ufer ganz und gar in die Hände der Nobili. Reiche Patrizier verwandelten sie in ein Defilee von über 200 Palästen, in ein Bilderbuch der **Baustilkunde**, vom gemessenen Gestus des veneto-byzantinischen Stils über das Maßwerk der Gotik und die Marmorintarsien der Renaissance bis zur Üppigkeit des Barock.

Die beeindruckende Architektur der venezianischen Palazzi, auch ›Casa‹ oder ›Ca'‹ genannt, war klug geplant und entsprach eigenen Gesetzmäßigkeiten. Heute befinden sich die kostspieligen Paläste

Wenn es Nacht wird am ›Großen Kanal‹ …

am Canal meist nicht mehr in Familienbesitz. Ihr Überleben wurde vorerst durch die Umwandlung in Museen, Amtsgebäude, Apartmenthäuser und Hotels gesichert.

15 San Simeone Piccolo

Vaporetto Ferrovia

Miniaturausgabe des römischen Pantheon.

Der Sehenswürdigkeitenreigen am Canal Grande beginnt mit einer erstaunlichen Kirche: Die grünpatinierte **Kuppel** von San Simeone Piccolo wölbt sich viel zu schwer über den kleinen Rundbau. Die **Freitreppe** steigt zu steil aus dem Wasser an, der offene **Portikus** wurde zu einer Zeit im Renaissancestil gebaut, da spätbarocke Formen en vogue waren, die gewollte Ähnlichkeit mit Hadrians römischem Pantheon ist erkennbar.

Die **Vorgängerkirche** SS. Simeone e Giuda Apostoli wurde nach 1124, in der Euphorie des venezianischen Sieges über die ägyptische Flotte bei Askalon, errichtet. Als ein Neubau erforderlich wurde, gab ihm Giovanni Scalfurotto 1718–38 das heutige Aussehen.

16 S. Maria di Nazareth (Chiesa degli Scalzi)

Fondamenta degli Scalzi
Vaporetto Ferrovia

Barock mit venezianischen Schnörkeln.

Baldassare Longhena (1598–1682), Venedigs einziger Barockarchitekt von Rang, entwarf die Kirche der ›Unbeschuhten Karmeliter‹ (scalzi = Barfüßer) 1660, an der Wende zum Klassizismus. Die **Fassade** von Giuseppe Sardi mit ihren stämmigen Doppelsäulen orientiert sich an römischen Vorbildern, zeigt aber mit den farbigen Inkrustationen typisch venezianische Schnörkel. Das Kostbarste der Kirche war ein großes Deckenfresko von Giambattista Tiepolo, das 1915 durch eine österreichische Bombe zerstört wurde (Freskenreste in der Accademia, Nr. 45). 1934 erfolgte eine Rekonstruktion des Freskos. Heute hat die skulpturale Ausstattung des spätbarocken **Innenraums** ein klares Übergewicht. Original erhalten blieb die bewegte, an Bernini orientierte Figurengruppe ›Vision der hl. Theresa‹ am Hochaltar. Das Deckenfresko in der 1. Seitenkapelle links stammt noch von Tiepolo.

Besonders eindrucksvoll ist der Blick auf die Kirche vom **Ponte degli Scalzi**. Die österreichische Besatzungsmacht, an festen Boden unter den Füßen gewöhnt, mit Inseln wenig erfahren, auf industrielle Entwicklung erpicht, verband 1841–46 die venezianische Hauptinsel durch den 4 km langen Ponte della Ferrovia mit dem Festland. Die Züge kamen nun direkt am Canal Grande an, sie spieen Ruß und Dampf aus, und die von Andrea Palladio umgebaute gotische Kirche *S. Lucia* mußte dem ersten Bahnhof weichen. Die schäbige eiserne Bahnhofsbrücke, einst gegen den Widerstand der Gondolieri gebaut, wurde erst 1934 durch den steinernen Ponte degli Scalzi ersetzt, der bei der alljährlichen *Regata*

Architektur aus sechs Jahrhunderten wurde zum Ensemble von San Geremia zusammengefügt

Giambattista Tiepolos Gemälde ›Kleopatra und Mark Anton besteigen ein Schiff nach Rom‹ (nach 1750) im Palazzo Labia

Storica (1. Sonntag im September) den Wendepunkt der Ruderstrecke markiert, die auf der Höhe der Giardini [s. S. 80] beginnt.

17 San Geremia

Vaporetto Ferrovia oder San Marcuola

Einer der ältesten Türme Venedigs und einer der jüngsten Kirchenbauten.

Es ist eine verwirrende Vista: eine Kirche, zwischen deren Kreuzarmen ein Wohnhaus steht, und ein **Campanile** aus dem 12. Jh., der mit einem 600 Jahre jüngeren Palast [Nr. 18] verbunden wurde. Die Zweifassadenkirche **San Geremia** entstand in zwei Bauphasen im 18. und 19. Jh. Der Brescianer Architekt Carlo Corbellini konzipierte den Neubau der Kreuzkuppelkirche auf alten Fundamenten, als müßte er ein Monumentalgebäude in die beengten Platzverhältnisse einpassen. Das nahm der Chiesa San Geremia, die auch im *Inneren* eine kühle Formensprache zeigt, den großen Auftritt an den zwei Wasserfronten. Ikonographisch interessant ist ein Bild im Kuppelraum neben dem Chor. Palma Giovane (1544–1628), Vertreter des venezianischen Frühbarock, malte die Krönung der Venezia durch Heilige. 1863 wurde der Kirche ein *Oratorium* für die Reliquien der hl. Lucia aus der abgerissenen Kirche S. Lucia [s. S. 38] hinzugefügt.

Jacopo Tintorettos erste Version des ›Letzten Abendmahls‹ (1547) in der Chiesa San Marcuola

18 Palazzo Labia

Fondamenta Labia
Vaporetto Ferrovia oder
Ponte Guglie

Klassizistische Palastarchitektur und herrliche Fresken von Tiepolo im Ballsaal.

Festlich, opulent mit einem Adlerfries geschmückt, zeigt sich die **Fassade** des in der 1. Hälfte des 18. Jh. am Canale di Cannaregio erbauten klassizistischen Palazzo Labia. Äußerst geschickt wurde hier der unter Denkmalschutz stehende Campanile von San Geremia [Nr. 17] umbaut.

Francesco Labia, steinreicher Kaufmann aus Florenz, hatte sich 1646, in den finanzschwachen Zeiten der Serenissima, für etwa 100 000 Golddukaten in das venezianische Patriziat eingekauft. Zwar rümpften die venezianischen Adelsfamilien, die ihrem Bestehen gemäß benannt wurden – die ›Case Vecchie‹ (Adel vor dem 9. Jh.), die ›Case Nuove‹ (Adel 9. Jh. – 1297) und die ›Case Novissime‹ (14. Jh.) –, über den neuen Geldadel zunächst die Nase, aber die Verschmelzung zwischen Alt- und Neuadel ließ nicht lange auf sich warten. Gemeinsam aß man im Palazzo von güldenen Tellern, gemeinsam tanzte man im verschwenderisch ausgestatteten, berühmten **Ballsaal** im Anblick von Tiepolos großen, in raffinierte Illusionsmalerei eingebetteten Wandbildern ›Gastmahl der Kleopatra‹ und ›Einschiffung der Kleopatra nach Rom‹. Das zentrale Deckenbild zeigt ›Der Genius der Unsterblichkeit triumphiert über die Zeit‹.

Der Palazzo befindet sich heute im Besitz der *Staatlichen Rundfunkgesellschaft RAI*, der Ballsaal kann nach telefonischer Anmeldung besichtigt werden.

Öffnungszeiten siehe S. 134

Im Fondaco dei Turchi brachte Venedig seine ausländischen Handelspartner unter

19 San Marcuola

Vaporetto San Marcuola

Kirche mit Tintorettos erster Abendmahlversion.

Zwei Heilige, San Ermagora und San Fortunato, beschützen die kurz San Marcuola genannte Kirche. Georgio Massari, führender Architekt des venezianischen Spätbarock, erbaute sie in der 1. Hälfte des 18. Jh. Die Fassade zum Canal Grande blieb unvollendet.

Die Hauptattraktion im **Inneren** – gegliedert durch Pilaster und Halbsäulen – des einschiffigen, im Stil der Zeit mit üppigem Skulpturenschmuck ausgestatteten Gotteshauses ist das links vom Chor hängende Gemälde des ›Letzten Abendmahls‹ von *Tintoretto*. Es ist seine erste Version des Themas, 1547 datiert. Ernst und bewegt erscheinen die Apostel, angespannt und heftig ins Gespräch vertieft, Christus als Ruhepunkt im milden Licht. Das Bild ist religiösromantisch und ganz auf geschickt gesetzte Lichteffekte und Farbkraft abgestimmt.

20 Fondaco dei Turchi

Gegenüber der Vaporettostation San Marcuola

Rekonstruktion eines der frühesten Paläste im veneto-byzantinischen Stil.

Hell und luftig präsentiert sich der einstige **Handelshof der Türken**, ein ehemaliger Prunkbau der Familie Pesaro aus der luxusschwangeren Zeit nach der Eroberung von Konstantinopel. Er entspricht in Größe, Aufbau und Details dem Baustil der jungen Serenissima, die sich im 13. Jh. noch an der strengen byzantinischen Formensprache orientierte, ihr aber gleichzeitig einen beschwingten venezianischen Zug gab. Diese venetobyzantinischen Paläste mit ihrer Arkadenreihe im Untergeschoß, der Fensterreihe im Obergeschoß, die das Motiv der Bogenstellung fortführt, und den beiden *torreselli*, den Ecktürmchen, die den Arkadenreihen optisch Halt geben, wirken in der Dreiteilung ihrer Fassaden sehr ausgewogen.

Der heutige Fondaco dei Turchi ist allerdings eine radikale, sehr freie Rekon-

Arkaden, Maßwerk, Säulen

Als die venezianischen Nobili ihre Paläste bauten, bauten sie rationell. Sie brauchten weder Festungen noch Burgen, weder Falltüren noch Kasematten, weder Zinnen noch Basteien. Ihre Wassergräben waren natürlicher Art, gleichzeitig Schutz und Fernstraße, ihre Häuser, so elegant und aufwendig sie auch immer waren, Wohnstätte und Arbeitsplatz. Daraus resultierte die spezielle Bauweise der **Palazzi***. Sie wandten ihre Schaufront dem Wasser zu und öffneten die Wassergeschosse in großen Arkaden. Durch die* **Wassertore** *konnten die Waren, häufig sogenannte ›Mercancie sottili‹ (Waren von großem Wert und kleinem Volumen), direkt von den Lastkähnen und Galeeren in die Lagerräume gelangen. Den Wirtschaftsräumen im Wassergeschoß entsprachen die Wohnräume im darüberliegenden Piano nobile.*

Seit Anbeginn blieben die venezianischen Palastbauer dem grundsätzlichen Bauschema der **Dreiteilung** *treu: Ihre Palazzi, auch ›Ca'‹ genannt, besitzen einen breitgelagerten Mittelteil mit zwei schmalen, ›torreselli‹ genannten Seitenteilen. Über dem Arkadengeschoß befindet sich der* **Piano nobile** *mit einer zentralen, besonders schön gearbeiteten Fenstergruppe, das* **zweite Obergeschoß** *kam erst in der Gotik hinzu.*

Die verschiedenen **Baustile** *haben nicht die Grundschemata, aber die* **Fassaden** *verändert. Der veneto-byzantinische Stil dokumentierte sich in luftigen, fortlaufenden Arkaden (Fondaco dei Turchi). Die Gotik krönte die Arkaden mit dekorativem Maßwerk und ließ durch die Einführung geschlossener Mauerteile die Säulenarkaden wie Fenster wirken (Ca'd'Oro). Die Renaissance brachte im Übergang Biforienfenster, später Säulen, mächtige Pilaster, zuweilen auch klassische Dreiecksgiebel ein (Palazzo Vendramin, Palazzo Contarini delle Figure). Im Barock trat die Dreiteilung der Fassaden nicht mehr so deutlich zutage, wurde aber durch den Wechsel von Einzel- und Doppelsäulen (Ca' Pesaro) noch immer betont.*

struktion des 19. Jh. Sie hat auch die Spuren der späteren Besitzer des Gebäudes ausgelöscht. 1621 wurde der Fondaco vom Staat an türkische Kaufleute vermietet. Raffinesse, Diplomatie und Kaufmannsgeist waren mit im Spiel: Man wollte die Händler des militärischen Gegners – die Türken drangen seit 1453 in den östlichen Mittelmeerraum ein – im Auge behalten, aber auch Geschäfte machen, selbst in Kriegszeiten. Mit dem Verfall des türkischen Großreiches verkam auch der Fondaco. Das seit 1924 hier untergebrachte **Museo di Storia Naturale** bleibt in den nächsten Jahren wegen Neugestaltung geschlossen.

21 Palazzo Vendramin-Calergi

Vaporetto San Marcuola

In diesem eleganten Palast starb Richard Wagner.

Der Palazzo im Stil der Frührenaissance fällt eindeutig aus dem venezianischen Rahmen: Er steht frei, hat Luft zum Atmen. Die Eleganz seiner Biforienfenster und die ausgewogene Gliederung der **Fassade** durch Säulenstellungen verstärken die imponierende Wirkung. Mauro Codussi entwarf den 1500 begonnenen Bau. Tullio Lombardo vollendete den Palast, der zu den schönsten am Canal Grande zählt, im Jahr 1509.

Beeindruckend ist die noble **Innenausstattung**, die freskierten Salons, die vergoldeten Stukkaturen. Heute ist der Palast Wintersitz des **Casino Municipale**, das im Sommer am Lido logiert.

In einem der im schwülstigen Ambiente der Zeit mit viel Samt und Statuen ausgestatteten Räume im Mezzanin starb am 13. Februar 1883 **Richard Wagner**. An seinem Totenbett saß die Liszt-Tochter Cosima, Mutter dreier vorehelich geborener Wagner-Kinder, kongeniale Gefährtin im Ausgeben des Geldes, das der schwärmerische Bayernkönig Ludwig II. so generös zur Verfügung stellte.

22 San Stae

Vaporetto San Stae

Blendendweißer Barockcharme mit klassizistischen Elementen.

Doge Alvise Mocenigo stiftete die Fassade seiner Grabkirche. Domenico Rossi (1678–1742), Architekt auch des Palazzo Corner della Regina [Nr. 25], entwarf sie und gab ihr den heiteren Schwung, der auf die kleine, zierliche **Scuola** (1711) links daneben übergreift. Wichtigster Besitz der profanierten, heute für Ausstellungen genutzten **Kirche** San Stae sind die *Chorgemälde* von Giovanni Battista Piazzetta und Giambattista Tiepolo.

Vom **Campo San Stae** hat man einen guten Ausblick auf die dicht an dicht stehenden Paläste Barbarigo, Zulian, Ruoda

Auch mit ›Ersatzfresken‹ immer noch ein attraktiver Anblick: der Palazzo Barbarigo

Ein wunderbares Wechselspiel von Einzel- und Doppelsäulen zeigt die Fassade des barocken Palazzo Pesaro, der zu den größten Palästen am Canal Grande zählt

und Gussoni-Grimani am jenseitigen Ufer. Die ursprünglichen *Fresken* am **Palazzo Barbarigo** sind – wie so viele in dieser Stadt – längst verschwunden. Ein wesentlicher Teil der Faszination, die vor Jahrhunderten von den Palastreihen ausging, lag in der aufwendigen ornamentalen, später figürlichen Fassadenbemalung. Giorgione, Tizian, Pordenone, Tintoretto und Veronese stimmten mit allegorisch-mythologischen Darstellungen ein Loblied auf die Bauherren an.

23 Ca' Mocenigo

Salizada di San Stae
Vaporetto San Stae

Familienmuseum mit überraschenden Schätzen.

Das weitläufige Patrizierhaus von 1760 dicht hinter San Stae versteht sich als ›Casa-museo della famiglia Mocenigo‹. Die Familie Mocenigo [s. S. 55] umgab sich mit erlesenen Kostbarkeiten und ließ sich von Guarana 1767 im **Salone rosso** die eigene Apotheose an die Decke malen. Preziös und verspielt wirkt der große Kronleuchter vom Typ der ›ciocche‹ (ciocca = Büschel). Der Glaskünstler Giuseppe Briati schuf mit ihm einen riesigen, farbstarken, dennoch zart erscheinenden Blumenstrauß aus Muranoglas. Holzschnitzereien von Antonio Corradini, dem Ausstatter des letzten Dogenschiffs ›Bucintoro‹, gaben der Sala den prunkvollen Rahmen.

Im Palast ist heute das **Centro Studi di Storia del Tessuto e del Costume,** das Studienzentrum für die Geschichte von Stoffen und Kostümen, untergebracht.

Öffnungszeiten siehe S. 133

24 Palazzo Pesaro

Vaporetto San Stae

Imposanter Barockpalast mit reicher Bauskulptur.

Nur ein Jahr, 1658/59, blieb Giovanni Pesaro Doge, aber sein Palast übertrifft an Größe alle anderen am Canal. Der beinahe 80jährige *Baldassare Longhena* plante die **Fassade** beschwingt und dekorativ, mit vielen Säulen, einzeln und paarweise, sowie Bauskulptur im Überfluß. Nach Longhenas Tod 1682 vollen-

dete *Antonio Gaspari* den mächtigen Bau mit der effektvollen Diamantquaderung des Sockelgeschosses, der sich bis 1830 im Familienbesitz befand, dann durch verschiedene Hände ging und schließlich von der Herzogin Bevilacqua La Masa der Stadt vermacht wurde.

Die in dem Gebäude untergebrachten Bestände der **Galleria d'Arte Moderna** sind derzeit nicht zugänglich. Für gelegentliche Wechselausstellungen bietet der Palast einen eleganten Rahmen.

Zugänglich ist aber das hier ansässige **Museo Orientale**.

Öffnungszeiten siehe S. 134

25 Palazzo Corner della Regina

Vaporetto San Stae

Wie der Name schon sagt – im Vorgängerbau wurde eine Königin geboren.

Venezianische Geschichten: König Jakob II. von Lusignan befand sich in finanziellen Nöten, und die reichen Corner liehen ihm gewaltige Summen. Der Regent von Zypern dachte pragmatisch und bat 1468 um die Hand der 14jährigen **Caterina Cornaro**. Venedig war entzückt, erklärte den Teenager zur ›Tochter der Republik‹ und entließ den zypriotischen Regenten mit einem Notariatsakt: Bliebe er ohne Erben, ginge Zypern als Geschenk an Caterina. Ehe er sich's versah, starb der König, kaum 33jährig. Caterina erbte, und Venedig stand auf der Schwelle. Keineswegs freiwillig, sondern gedrängt und bedrängt verließ die junge Königin 1489 Zypern. Venedig schickte den vergoldeten ›Bucintoro‹ zu ihrer Begrüßung aus, überhäufte sie mit Geschenken, übereignete ihr das kleine Fürstentum Asolo, ließ sie aber vorsorglich sogleich und fest an der Hand des Dogen in die Basilica di San Marco einziehen und die Schenkung Zyperns an Venedig feierlich bestätigen.

Domenico Rossi erbaute den heutigen **Palazzo Corner della Regina** 1724 auf dem Grundstück des alten Familienpalastes, in dem Caterina Cornaro 1454 geboren wurde. Sein Baustil erinnert an die Formensprache Longhenas bei der Ca' Pesaro [Nr. 24], orientiert sich je-

Spätgotische Architektur in Vollendung: die Ca' d'Oro (rechts) ist dank der ›spitzenverzierten‹ Fassade Venedigs schönster Palast

doch schon am frühen Klassizismus und ist daher bescheidener, schlanker, nüchterner.

26 Ca' d'Oro/Galleria Giorgio Franchetti

Vaporetto Ca' d'Oro

Venezianische Spätgotik in Vollendung.

In einem Spitzenmuster aus Stein, mit polychromen Marmorinkrustationen und reichen Vergoldungen schufen lombardische und venezianische Architekten und Bildhauer, darunter Matteo Raverti, Giovanni Bon und Bartolomeo Bon, 1421–40 das ›Goldene Haus‹ für den Prokurator Marino Contarini. Luftig die aus dem romanisch-byzantinischen Vorgängerbau übernommene Säulenhalle im Untergeschoß, graziös die Spitzbögen mit den Rosettenfeldern, märchenhaft das verschwenderische Maßwerk der **Fassade** – die asymmetrisch nur einen *torresello* aufweist – mit den scharfkantigen Drei- und Vierpässen, die ein traumhaftes Licht- und Schattenspiel erzeugen.

Nach baulichen Eingriffen im 19. Jh. gelangte der Palazzo 1895 in den Besitz des kunstsinnigen Barons Giorgio Franchetti, der hier seine Sammlungen unterbrachte und sie noch zu Lebzeiten Venedig vermachte. Seit 1927 sind sie der Öffentlichkeit zugänglich, seit 1984 in neu und licht gestalteten Räumen.

Galleria Giorgio Franchetti

In der Sala des **1. Obergeschosses** brillieren unter den Renaissanceskulpturen Büsten von Tullio Lombardo und Giovanni Cristoforo Romano. Die schönen, edlen Räume des prunkvollen Patrizierhauses geben Gemälden aus Gotik und Renaissance, venezianischen Bronzen und Kleinplastiken einen würdigen Rahmen. Das erlesenste Exponat aber ist ein Spätwerk Andrea Mantegnas, ein ungemein plastisch gemalter ›Hl. Sebastian‹.

Zu den Schätzen im **2. Obergeschoß** zählen flämische Gobelins des 16. Jh., Bildnisbüsten des Sansovino-Schülers Alessandro Vittoria und herrliche Gemälde wie Tizians ›Venus vor dem Spiegel‹, Paris Bordones ›Venus und Amor‹ und das ›Porträt eines Edelmannes‹ des flämischen Malers und Tizian-Verehrers Anthonis van Dyck.

Die *Freskenreste* in der Sala stammen von der Fassade des Fondaco dei Tedeschi [Nr. 32].

Öffnungszeiten siehe S. 133

Antiken Büsten nah verwandt – Tullio Lombardos (1455–1532) ›Doppelbildnis eines jungen Paares‹ in der Ca' d'Oro

Fangfrische Fische und Meeresfrüchte, attraktiv dekoriert – von der Pescheria am Rialto …

27 Palazzo Sagredo

Vaporetto Ca' d'Oro

Verschiedene Architekturstile wurden hier unorthodox vereint.

Nicht so strahlend wie die gotische Fassade der Ca' d'Oro gibt sich jene des Palazzo Pesaro im Anschluß rechts. Der schlichte Palast geht Wand an Wand in den Palazzo Sagredo über, dessen **Fassade** verschiedene Stilstufen venezianischer Baukunst präsentiert: Die Wassertore markieren die veneto-byzantinische Epoche, im Piano nobile tasten sich die gestelzten, leicht gekielten Bögen vorsichtig zur Gotik vor, die im Stockwerk darüber zu den klassischen gotischen Kielbogenfenstern reift. Der rechte Gebäudeteil und das oben aufgesetzte Halbgeschoß sind entbehrliche Zutaten späterer Zeit.

Der Barockstil zeigt sich nur im **Inneren** des Palastes mit einem Treppenhaus von Andrea Tirali (1734), zu dem der Genremaler Pietro Longhi einen effektvollen ›Gigantensturz‹ beisteuerte.

28 Pescheria

Vaporetto Ca' d'Oro

Meeresgetier vom Feinsten.

Ein ansprechender neugotischer Bau aus dem Jahr 1907 beherbergt den **Fischmarkt**, Lastkähne davor, bunte Sonnensegel außen, phantasievoll arrangierte Ware und Kühle innen: Seit 600 Jahren schon kaufen die Venezianer an diesem Ort fangfrischen Fisch und Meeresfrüchte. Welch ein Gewimmel von Goldbrassen und Langusten, kopflosen Seeteufeln und Seezungen, von Krabben, Muscheln und Sardinen, von Tintenfischen und sich schlängelnden Aalen. Welch eine Möglichkeit, sich hier bekannt zu machen mit Seespinnen und Moschuskraken, Stachelschnecken und Heuschreckenkrebsen, Dreiecksmuscheln und Meerestrüffeln. Verlockend nahe für eine Probe aufs Exempel liegt da die **Antica Trattoria Poste Vecie**, die älteste Trattoria der Serenissima: behaglich, niedrige Decken,

… direkt in die Küche der idyllischen ›Antica Trattoria Poste Vecie‹

In der Ca' Da Mosto, deren veneto-byzantinische Fassade im wesentlichen aus dem 13. Jahrhundert stammt, wurde der Entdecker Alvise Da Mosto geboren

bebilderte Wände, historischer Charme. Hier hingen schon die Kaufherren ihren Pfefferträumen nach, und die Köche erprobten die ersten importierten exotischen Gewürze [s. S. 131].

Der langgezogene Bau der **Fabbriche Nuove** in der Nähe des Fischmarkts folgt der Kanalbiegung. Jacopo Sansovino hat diese Lager- und Verwaltungsgebäude 1552–55 im Stil der Frührenaissance errichtet.

29 Palazzo Mangilli-Valmarana

Vaporetto Ca' d'Oro

Hier hingen einst zahlreiche Veduten Canalettos.

Eine Palastfassade mit klassizistischem Formenreichtum ist selten am Canal Grande. *Joseph Smith*, Geschäftsmann, Bankier, englischer Konsul, Kunstsammler und Kunstagent für **Canaletto** (eigentl. Zuanne Antonio Canal, 1697–1768), ließ sich den kleinen Palazzo Balbi-Mangilli-Valmarana aus dem 15. Jh. nach Entwürfen von Antonio Visentini 1740–51 klassizistisch umbauen. Da die Räume mit **Veduten** Canalettos ausgestattet waren, wurden englische Kunstfreunde auf den Maler aufmerksam und überhäuften ihn mit Aufträgen. Als der Konsul, u. a. Herausgeber einer Faksimileausgabe von Andrea Palladios ›I Quattro Libri dell' Architettura‹, in finanzielle Nöte geriet, verkaufte er seine Sammlung dem englischen König George III. Neben 150 Zeichnungen gingen 50 Gemälde Canalettos nach Windsor. Wertvolle Stücke befinden sich heute in den Royal Collections des British Museum in London.

30 Ca' Da Mosto

Vaporetto Ca' d'Oro

Familienhaus eines Entdeckers.

Im 13. Jh., als sich die Architektur Venedigs zwischen Orient und Okzident neu formierte, entstanden die beiden unteren Stockwerke dieses Palastes mit den herkömmlichen Rundbögen, der gut ausgebildeten Mittelarkade im Piano nobile und der reichen Reliefplattendekoration darüber. Der Blick auf die Schiffe, die Frachtgaleeren, ihr Mastenwerk und auf die sich in der Mitte öffnende Holzbrücke am Rialto mag das Fernweh des 1432 in diesem Haus geborenen **Alvise Da Mosto** geweckt haben. Er fuhr nach Sagres in Portugal, trat in die Dienste Heinrichs des Seefahrers und gilt heute als Mitentdecker des Senegal und der Kapverdischen Inseln.

Rialto – Keimzelle des Handels, Geburtsort des Reichtums

Die ersten Häuser Venedigs wurden im 9. Jh. in dieser Gegend gebaut. Die ersten **Märkte** unter freiem Himmel entstanden hier, die ersten Händler trafen sich am Wasser, wo auch die ersten gefälligen Damen, die man hier ›mammole‹ (Veilchen) nannte, schon 1360 einen abgeschlossenen Bezirk erhielten. Rialto, von ›Rivus Altus‹ (›hohes Ufer‹) abgeleitet, war lange der Zweitname Venedigs. Dieser Geburtsort der Stadt entwickelte sich zur Hochburg des Handels und des Geldes.

Der **Ponte di Rialto** ist noch heute ein Zentrum des nach verheerenden Bränden im 16. Jh. neu entstandenen Viertels. In den engen Gassen, in der **Ruga degli Orefici**, auf dem Ponte selbst und im Wasser pulsiert das städtische Leben heftig und manchmal chaotisch, hier konzentrieren sich Geschäfte und Handel, hier locken Souvenirläden mit tausenderlei Krimskrams, Märkte und Restaurants. Eine Gegend, so richtig zum Schauen, Schlendern und Genießen.

31 Ponte di Rialto (Rialtobrücke)

Vaporetto Rialto

Eine Brücke, eine Ladenstraße, ein Knotenpunkt des Fremdenverkehrs.

Auf aneinandergereihten Booten überquerten die Venezianer im 11. Jh. hüpfend den Kanal und bezahlten dafür einen *quartarolo*, eine kleine Münze. Eine einzige, 1252 entstandene **Holzbrücke** reichte den Bewohnern der Serenissima in den ›Goldenen Jahrhunderten‹, dem 13. und 14. Jh., um die beiden Ufer ›citra et ultra canalem‹ miteinander zu verbinden. Sie konnte in der Mitte geöffnet werden, um die überreich beladenen Frachtgaleeren mit ihrem Mastenwerk passieren zu lassen. Manchmal stürzte die Brücke auch ein, wurde aber beharrlich wieder erneuert.

Spät genug, erst nach dem Rialtobrand von 1513, entschloß man sich zu einer soliden **Brückenanlage aus Stein**. Vincenzo Scamozzi, Giacomo da Vignola, Sansovino, Palladio und sogar Michelangelo reichten Entwürfe ein. Den Zuschlag erhielt schließlich 1567 Antonio da Ponte.

1588–91 entstand aus istrischem Marmor der bisweilen als ›kurzbeinig‹ bezeichnete Brückenbogen, der über eine Spannweite von 28 m zwei Ladenzeilen trägt. Seine Last ruht solide auf 12 000 in den Schlamm gerammten Eichenpfählen, sein Schub wird u. a. vom Palazzo dei Camerlenghi als einem der Widerlager am Ufer aufgefangen.

Keine Frage, die Überbauung des Ponte mit kleinen Läden war geschäftstüchtig gedacht. Bald hatten die Mieteinnahmen die Bausumme wieder eingebracht. Nun kann man von Boutique zu Boutique schlendern, sich drängen, schieben lassen und all jene kapriziös-kitschigen Souvenirs, die zum Venedigtourismus gehören, mit Humor betrachten. Am schönsten ist der Blick auf den Canal Grande von der offenen Balustrade am höchsten Punkt des Brückenbogens aus abends oder nachts, wenn die lärmende Geschäftigkeit des Tages vorüber ist und sich die Lichter der Palazzi im Wasser spiegeln.

32 Fondaco dei Tedeschi

Vaporetto Rialto

Albrecht Dürer wohnte hier und schrieb nach Hause: »Hier bin ich ein Maler.«

Breit, behäbig, auf einem ungewöhnlich großen, heute fast unbezahlbaren Grundstück steht der Fondaco dei Tedeschi dicht am Ponte di Rialto. Er wurde während des Dogats von Enrico Dandolo, zu Beginn des 13. Jh., gebaut. Die Lage war prominent, mitten im händlerischen Gedränge, wo morgenländische Spezereien, venezianische Spitzen, griechische Weine, Glas- und Seidenwaren gegen Metalle, Holz, Getreide, Leder, Stoffe und Pelze getauscht wurden.

Unzählige venezianische Romanzen hat er schon erlebt – der Ponte di Rialto zieht mit seinem Flair und seinen eleganten Geschäften noch heute Liebhaber aus aller Welt zu Tausenden an

Drei Jahre lang lernte der junge Jacob Fugger aus Augsburg um 1465 im Fondaco, der gleichzeitig Handelshof und Herberge für die deutschen, österreichischen und ungarischen Kaufleute war, die doppelte Buchführung *alla veneziana*, die Verquickung von Welthandel und Politik, von Geld und Kredit, von Raffinesse und Härte, von List und Schläue. Auch Albrecht Dürer wohnte hier, malte, genoß den Ruhm im Kreise großer Malerkollegen wie Giorgione oder Tizian. Er reiste jedoch ab, als 1507 eine Pestepidemie ausbrach.

Der erste Bau des Fondaco war 1505 abgebrannt, die Wiederherstellung finanzierte die Republik. 1508 erfolgte die Einweihung mit allem Pomp einer vergnügungssüchtigen Zeit. Giorgione und der junge Tizian, der damals in der Werkstatt des Giorgione arbeitete, hatten die Kanal- und Seitenfassade des Fondaco in einen freskierten Zaubergarten verwandelt, in dem sich allegorische Figuren in leuchtendsten Farben tummeln. Giorgione hat die Fertigstellung der Fresken allerdings nicht mehr erlebt: Er wollte die pestkranke Mona Violante, Geliebte und

Modell für die ›Schlummernde Venus‹ (heute Gemäldegalerie Dresden), retten und steckte sich an. Beide starben 1510. Fast nichts ist von den Fresken geblieben (Reste in der Galleria Franchetti, Nr. 26). Eine Vedute von Francesco Guardi aus dem Jahr 1760 gibt die Fassadenmalerei in Andeutungen wieder.

Die nun fast schmucklose **Kanalfassade** mit den fünf großen Wassertoren ist einem Zweckbau angemessen. Das Gebäude mit dem bogengeschmückten **Lichthof**, Vorbild für viele Arkadenhöfe nördlich der Alpen, dient Venedig heute als **Hauptpostamt**. Einst mag dieser Innenhof den deutschen Kaufleuten, die aus Furcht vor ›Handelsspionage‹ von der Serenissima in ihrem Fondaco fast kaserniert wurden, wie ein Stück Freiheit erschienen sein.

Wenige Schritte entfernt, auf dem **Campo San Bartolomeo** mit dem *Standbild Carlo Goldonis,* steht die im 12. Jh. als Sanktuarium deutscher Kaufleute gegründete **Chiesa di San Bartolomeo**. Die heutige Kirche aus dem 18. Jh., mit Werken von Sebastiano del Piombo (1507–09) und Palma Giovane (1544–1628) ausgestattet, beherbergte einst Dürers grandioses ›Rosenkranzfest‹, das 1506 in Venedig entstanden war. Doge und Patriarch zollten dem Gemälde große Bewunderung. Es blieb in der Lagunenstadt, bis Kaiser Rudolf II. im Jahr 1610 das Bild für seine Prager Galerie erwarb. Die Rudolfinischen Sammlungen wurden 1648 von den Schweden geplündert, aber das ›Rosenkranzfest‹ blieb in Prag.

33 Palazzo dei Camerlenghi

Vaporetto Rialto

Ein eleganter Rahmen für die venezianische Finanzbehörde.

In der 1. Hälfte des 16. Jh wurde die Wasserfront des Palazzo, die der Kanalbiegung folgt, wahrscheinlich von Guglielmo Bergamasco neu errichtet. Die lebhafte **Fassade**, ein Rückgriff auf die Frührenaissance, mit schlanken Proportionen und kunstvoll gearbeiteten Gliederungselementen, war gleichzeitig *Sitz der obersten Finanzpräsidenten* (›Camerlenghi‹ = Zolleintreiber) und *Gefängnis*. Vor allem Steuerbetrüger fanden hier den Ort ihrer Strafe.

34 San Giacomo di Rialto

Vaporetto Rialto

Nach Volksmeinung die älteste Kirche Venedigs.

Die schmale, von Markisen beschattete **Ruga degli Orefici**, die ›Straße der Goldschmiede‹, beginnt am Fuß der Rialtobrücke. Seit dem 14. Jh. ist sie ein buntes aktives Zentrum, in dem die Waren zirkulieren. Rechts liegt der kleine **Campo San Giacomo di Rialto** mit der populären **Kirche San Giacomo**. Sie soll im 7., 8. Jh. ›mit Venedig auf die Welt‹ gekommen sein, stammt aber wahrscheinlich aus dem 9. Jh. Inmitten von üppig beladenenen Obst- und Gemüseständen dominiert sie seit eh und je den Platz, obwohl sie mehrmals brannte, überschwemmt und im 12., 16. und 17. Jh. verändert wurde. Umweht von Marktdüften geben ihr die fünf Marmorsäulen aus dem Mittelalter, die die *Vorhalle* tragen, einen eleganten Auftritt, den die große Uhr von 1410 noch verstärkt. Der *Innenraum*, winzig, dämmrig, ein wenig

Die Ruga degli Orefici, die Straße der Goldschmiede, mit ihren schattenspendenden Markisen und bunten Verkaufsständen

Spätabends, wenn die Tagesbesucher Venedig verlassen haben, entfaltet die Stadt ihren besonderen Charme, wie hier am Campo San Giacomo mit der Kirche San Giacomo di Rialto

düster, folgt der Idee einer Kreuzkuppelkirche. Mehr Licht würde die frühbarocke Skulptur ›Hl. Jakobus‹ von Alessandro Vittoria auf dem Hochaltar und Girolamo Campagnas in Bronze gegossenen ›Hl. Antonius‹ auf dem linken Seitenaltar besser zur Geltung kommen lassen.

Marktstände verbergen häufig den Blick auf den **Gobbo di Rialto**, den ›Buckligen vom Rialto‹, auf dem Kirchenvorplatz. Pietro da Salò hat die Skulptur dieses Lastenträgers im späten 16. Jh. angefertigt. Das Steintreppchen auf seinem Rücken führt zu einer Plattform, von der einst Verlautbarungen und Urteile verlesen wurden, während man am Gobbo selbst kleine Pamphlete und Beschwerdebriefchen befestigte.

Ein paar Schritte weiter beginnt die **Erberia**, der herrlich bunte Gemüse-, Blumen- und Feinkostmarkt. Malerisch anzusehen ist frühmorgens die Landung der Frachtboote von den Garteninseln Le Vignole, S. Erasmo und La Certosa. Unter den mit buntem Segeltuch überspannten Ständen schlichten die Bauern ihre Erzeugnisse mit liebevoller Sorgfalt zu farbenfrohen Stilleben. Vor allem vormittags drängen sich hier die wählerischen italienischen Hausfrauen. Das turbulente Treiben bildet einen freundlichen Kontrast zu den ernsten Arkadenreihen des **Palazzo dei Dieci Savi**, wo einst die ›Zehn Weisen‹ der Steuerbehörde ihren Sitz hatten. Hinter der Erberia setzt die **Ruga degli Speziali**, die ›Straße der Gewürzhändler‹, die Ruga degli Orefici fort und führt durch die Calle delle Beccarie zur Pescheria [Nr. 28].

Von der Rialtobrücke schweift der Blick über die Palazzi an der Riva del Carbon

Vom Ponte di Rialto zur Dogana da Mar – Wasserreise mit Landgängen für Kunstliebhaber

Die zweite große Schlinge des Canal Grande, die in der Volta del Canal eine Linkskurve zur Lagune beschreibt, umfängt den Sestiere **San Marco** und rahmt die Ufer der Sestieri **San Polo** und **Dorsoduro**. Noch zahlreicher werden hier die **Palazzi**: gotische Paläste mit reichem Maßwerk, subtile Renaissance-, robuste Barockpaläste. Auf die Dauer konnten die Familien die Erhaltung dieser historischen Bauten nicht finanzieren.

Viele der brüchigen Gebäude überlebten nur, weil sie schließlich öffentlicher Nutzung zugeführt und renoviert wurden. Es ist also kein Zufall, daß dieser Abschnitt der Kanalfahrt zu grandiosen **Museen** führt, z. B. zur Ca' Rezzonico mit dem Museo del Settecento Veneziano und zu den Gallerie dell'Accademia.

35 Palazzo Dolfin Manin

Vaporetto Rialto

Residenz des letzten Dogen Lodovico Manin.

Römisches und Venezianisches verband der ungemein vielbeschäftigte Baumeister *Jacopo Sansovino* im Palazzo Dolfin Manin. Nach römischem Muster stapelte er dorische, ionische und korinthische Pilaster und Halbsäulen übereinander. Venezianischen Vorgaben folgt der ungewöhnliche *Sottoportego* (Durchgang) im Erdgeschoß. Er entstand, weil das Gebäude zwar bis an den Canal Grande reichen durfte, aber auch Raum für einen öffentlichen Fußweg bieten mußte.

Der Palazzo diente einst *Lodovico Manin* als Wohnsitz, heute ist er Sitz der Banca d'Italia. Mit dem Namen dieses letzten Dogen verknüpft ist das Drama um das sterbende Venedig: Am 12. Mai 1797 kapitulierte Manin in der Sala del Maggior Consiglio des Palazzo Ducale unter Veroneses ›Apotheose Venedigs‹ vor den Franzosen. Er nahm die der phry-

Im eleganten Palazzo Dolfin Manin lebte der letzte Doge Venedigs, Lodovico Manin. Er mußte im Jahre 1797 vor den Franzosen kapitulieren und den Dogenpalast verlassen

Der Palazzo Grimani (rechts), ein Meisterwerk des Veroneser Architekten Michele Sanmicheli, besticht trotz seiner Größe durch ausgewogene Proportionen

gischen Fischermütze nachempfundene, mit Edelsteinen besetzte Dogenmütze ab und murmelte: »Sie wird nicht mehr benötigt.« Die Verfassung wurde abgeschafft, das ›Goldene Buch‹ des Patriziats verbrannt, die Republik für aufgehoben erklärt. Von den Masten vor der Basilika wehte die Trikolore, und die Löwen von San Marco fielen in Trümmer.

36 Palazzi Loredan-Corner und Farsetti-Dandolo

Vaporetto Rialto

Rathaus in schönem Rahmen.

Venedigs Stadtverwaltung residiert in zwei Palästen, deren Wurzeln ins 13. Jh. zurückreichen. Trotz zahlreicher Veränderungen blieben die eleganten Bogenstellungen in den Wassergeschossen und die darüber liegenden Arkadenreihen aus der Periode des veneto-byzantinischen Stils erhalten. Die ersten beiden Geschosse stammen jeweils noch aus der Erbauungszeit. Der Fassadenschmuck am **Palazzo Loredan-Corner** wurde im 14. Jh. angebracht. Der **Palazzo Farsetti-Dandolo** war einst Sitz der vom jungen Bildhauer *Antonio Canova* (1757–1822) besuchten ›Accademia Farsetti‹. Der bedeutendste Vertreter der klassizistischen Skulptur arbeitete in Rom, Wien, Paris und Mailand. In Venedig blieben Statuen und Basreliefs zurück, die in den Sälen der Ala Napoleonica im Museo Correr [Nr. 12] gut zur Geltung kommen. Auch das Herz des Meisters blieb in Venedig: in einer weißen Grabpyramide der Frari-Kirche [Nr. 92]

37 Palazzo Grimani

Gegenüber der Vaporettostation San Silvestro

Eine Dame hinterließ Spuren in der venezianischen Historie.

Selten genug geistert ein weiblicher Name durch die venezianische Geschichte. Bei **Morosina Morosini Grimani**, Gattin des Dogen Marino Grimani, geht er Hand in Hand mit unglaublichem Luxus. Zum Einzug der Dogaressa in den Dogenpalast 1597 entsandte man den ›Bucintoro‹ mit der Signoria an Bord zum Familienpalast am Canal Grande. In goldene Gewänder gehüllt, den *corno*, die Dogenkappe, auf dem Kopf, mit einem ungeheuren Gefolge von kostbar gekleideten Edeldamen fuhr die Dogengemahlin zum Ponte della Paglia und zog in einem phantastischen Defilee in San Marco ein. In den folgenden Jahrhunderten, als der Stern Venedigs bereits zu sinken begann, waren derart kostspielige Spektakel nicht mehr üblich. Die Übersiedlungen nach der Dogenwahl in den Palazzo Ducale geschahen zwar immer noch feierlich, verloren aber den märchenhaften Glanz.

Ein grandioses Meisterwerk des Veroneser Architekten *Michele Sanmicheli* (1484–1559) hätte der kraftvoll-schwere **Palazzo Grimani** an der Einmündung des Rio di San Luca in den Canal Grande werden können. Doch der Tod des Baumeisters und die Fortsetzung der Arbeiten durch *Giangiacomo de' Grigi* veränderten das Originalkonzept. Das zusätzliche Geschoß nahm zwar den Rhythmus der Kolonnaden des 1. Stocks auf, aber die ursprünglich von Sanmicheli vorgesehene Proportionierung ging dabei verloren. Heute tagt das *Appellationsgericht* in diesem Palast.

38 Palazzo Corner-Spinelli

Vaporetto S. Angelo

Renaissance mit verspielten Formen.

Dieser nach Plänen *Mauro Codussis* 1490–1510 errichtete Palazzo bildet eine Art Vorstufe zum wenig später begonnenen Palazzo Vendramin-Calergi [Nr. 21], dessen Eingangsbereich bereits von den für Codussi typischen Biforienfenstern dominiert wird. Das Sockelgeschoß des Palazzo Corner-Spinelli hingegen präsentiert sich sehr hoch, blockhaft geschlossen und mit Plattenrustica verkleidet. Daraus lösen sich zwei harmonisch ausgewogene Arkadenstockwerke mit verspielten Formen: geschwungenen Brüstungen, Biforienfenstern, die noch sehr an gotisches Maßwerk erinnern, und – sehr ungewöhnlich – seitlichen Balkonen auf halbkleeblattförmigem Grundriß.

39 Palazzo Barbarigo della Terrazza und Palazzo Pisani-Moretta

Gegenüber der Vaporettostation S. Angelo

Ein ›halbes‹ Haus und ein prunkvoller Palast in Familienbesitz.

Unorganisch wirkt der 1566–70 errichtete **Palazzo Barbarigo della Terrazza** mit der Hauptfassade zum Rio di San Polo. Seine Bauherren opferten ein ›halbes‹ Haus für eine gewaltige, in Venedig einzigartige Freiterrasse. Heute befindet sich im Palast das *Centro Tedesco di Studi Veneziani* (Deutsches Zentrum für venezianische Studien).

Das ›halbe‹ Haus ist kanalseitig mit dem **Palazzo Pisani-Moretta** verbunden. *Maurizio Sammartini*, ein Nachkomme der Dogenfamilie Pisani, ließ das seit über 100 Jahren leerstehende Gebäude in den letzten Dezennien aufwendig restaurieren und revitalisieren.

Seit seiner Erbauung in der 2. Hälfte des 15. Jh. befindet sich der Palast mit der besonders schönen zweistöckigen Maßwerkfront in Familienbesitz. Im 18. Jh. gab die junge Witwe und überaus wohlhabende Erbin *Chiara Pisani* Unsummen aus, um die *Fassade* des Gebäudes im gotischen Stil zu erneuern und die Innenräume barock auszugestalten. Für den prunkvollen Empfang von Gästen schuf Andrea Tirali 1739–42 das reichgeschmückte *Treppenhaus*. Im großen *Ballsaal* wirft der glänzende venezianische Scagliola-Boden das Licht der glitzernden Muranolüster im Sinne von Tiepolos Deckenfresko ›Das Licht besiegt die Finsternis‹ (1743) zurück.

Maurizio Sammartini vermietet den Palast für Maskenbälle und andere abendliche Festlichkeiten.

40 Palazzi Mocenigo

Gegenüber der Vaporettostation San Tomà

Geschichte und Geschichten.

In langer Front rahmen die Palazzi Mocenigo, in der Verfallszeit Venedigs erbaut, im 17. und 18. Jh. erneuert, das linke Ufer vor der Kanalbiegung. Vier Paläste beherbergten eine Familie, aus der sieben Dogen hervorgingen. Geschichte und Geschichten erfüllten sich hinter ihren Mauern: So denunzierte 1591 ein Mocenigo seinen Gast *Giordano Bruno* und lieferte ihn an das heilige Offizium in Rom aus. Dieses schickte den Philosophen 1600 für sein 1584 auf den Lehren des Kopernikus basierendes Buch ›Vom unendlichen All und den Welten‹ und für seine Abkehr von der katholischen Kirche auf den Scheiterhaufen der Inquisition.

Opfer einer großangelegten Kabale wurde 1622 der venezianische Botschafter in London, *Antonio Foscarini*, der die im Palazzo als Gast weilende Ehefrau eines hohen britischen Hofbeamten mehrmals besucht hatte. Von den Mocenigo beim ›Rat der Zehn‹ fälschlich des Verrats von Staatsgeheimnissen an die Ausländerin beschuldigt, bezahlte er seine Visiten mit dem Leben: mit der Stimme des Dogen Antonio Priuli verurteilt, wurde er erwürgt, aufgehängt, zu spät rehabilitiert.

An die Palazzi Mocenigo schließt der elegante **Palazzo Contarini delle Figure** an. Phantasievoll stattete der Architekt im frühen 16. Jh. die *Fassade* mit einer auf fünf Säulen ruhenden Tempelfront im Piano nobile aus. Zarte Dekorationsplastik und heraldische Ornamente geben den Wandflächen zwischen den Fenstern der *torreselli* eine ausgesprochen vornehme Note.

Alle Mann an die Ruder: zu den Höhepunkten im venezianischen Festkalender zählt die Regata Storica, ein Wettbewerb mit historischen Booten

41 Palazzo Balbi

Vaporetto San Tomà

Frank Lloyd Wright hätte gerne nebenan gebaut.

Dekorativ und eindrucksvoll steht der Palazzo (heute Sitz des Regionalausschusses der Provinz Venetien) an der *Volta del Canal*, der Canal-Biegung. Vielleicht Alessandro Vittoria, wahrscheinlich aber ein unbekannter Architekt, gab dem repräsentativen Stadthaus 1582–90 zwar das typisch venezianische Palastschema [s. S. 41] und die Züge der Spätrenaissance, liebäugelte jedoch bereits mit dem Beiwerk des Frühbarock, wovon die durchbrochenen Giebel, die Doppelsäulen und die ovalen Fenster Zeugnis ablegen.

Beim Palazzo befindet sich die Ziellinie für die Ruderwettkämpfe im Rahmen der *Regata Storica*.

Der bekannte amerikanische Architekt *Frank Lloyd Wright* hätte 1953 gerne links neben dem Palast ein Studentenwohnheim errichtet. Man ließ ihn nicht, obwohl sein Projekt ›Palazzina Masieri‹ mit Rücksicht auf die umgebende Bebauung geplant war. Kritiker fühlten sich in ihrer Ablehnung bestätigt, als Wrights Schneckenhauskonstruktion des New Yorker Guggenheim-Museums 1959 die Gemüter erregte. Befürworter bedauerten eine vertane Chance.

42 Ca' Foscari

Calle Foscari

Eine junge Universität in einem altehrwürdigen Palast.

Doge Francesco Foscari war reich, mächtig, eloquent und das am längsten dienende Oberhaupt der Republik Venedig. In seine Amtszeit fiel die Erschließung der Terra ferma und die Errichtung der Westfassade des Palazzo Ducale, die noch heute Loggia Foscara heißt. Angesteckt vom offiziellen Baueifer wünschte er sich einen Familienpalast, der alle bisherigen an Größe übertreffen sollte. Nun, er bekam ihn, starb aber, ehe er ihn genießen konnte.

Der mächtige Kubus an der Mündung des Rio Foscari in den Canal Grande ist ein Werk der Spätgotik (Baubeginn 1452). Die **Fassade** wiederholt in der Arkatur des 2. Stocks das Maßwerk des Dogenpalastes. Um eine Vorstellung von den kolossalen Dimensionen des Palastes zu bekommen: Heute ist in seinen Räumen die venezianische **Universität** untergebracht.

Das Schicksal des Bauherrn der gewaltigen Ca' Foscari und seiner Familie lieferte Lord Byron den Stoff für sein Drama ›The two Foscari‹ und dem jungen Giuseppe Verdi die Anregung für seine Oper ›I Due Foscari‹. Die Themen dieser Werke sind Familienfeindschaft,

Von Familienzwist und Korruption, Verrat und Mord, Höhenflug und Untergang könnten die Mauern der mächtigen spätgotischen Ca' Foscari erzählen

Letzter großer Palastbau am Canal Grande: im Palazzo Grassi finden alljährlich attraktive Kunstausstellungen statt, die international Schlagzeilen machen

politische Mißgunst, Intrige, Machtgier, Folter, Tod. Francesco Foscaris Sohn Jacopo wurde auf Betreiben der rivalisierenden Familie Loredan zuerst der Bestechlichkeit, später des Mordes angeklagt. Er wurde verhaftet, gefoltert, vom ›Rat der Zehn‹, dessen Vorsitzender de jure sein Vater war, aus Venedig verwiesen und starb in der Verbannung. Die dichterische Aufbereitung des Familiendramas verdeckt die historischen Fakten, die keineswegs romantisch waren.

Francesco Foscari selbst wurde 1457 unter dem Verdacht des Amtsmißbrauchs zum Rücktritt gezwungen. Man nahm ihm den *corno*, die Dogenkappe, vom Haupt, den Siegelring vom Finger und hieß ihn sofort in seinen noch unfertigen Palast am Canal Grande übersiedeln. Hier starb er noch im selben Jahr aus Gram – nach einem erfolgreichen Dogat von 34 Jahren. Die Rehabilitierung venezianischer Spielart – ein prunkvolles Grabmal in der Frari-Kirche – erfolgte natürlich zu spät.

Nach der Fertigstellung des Palastes 1574 residierte in ihm Heinrich von Valois auf dem Weg zur Thronbesteigung als Heinrich III. von Frankreich. Das Palastleben war wieder heiter und der angehende König beschwingt, versüßte ihm doch die Edelkurtisane Veronica Franco, Dichterin im Nebenberuf, die Nächte.

43 Palazzo Grassi

Vaporetto San Samuele

Letzte Blüte der venezianischen Palastarchitektur in Zeiten wirtschaftlichen Verfalls.

Die strenge, kühle, nur durch venezianische Rundbögen aufgelockerte **Fassade** des Palazzo präsentiert sich ohne Tiefe und Schatten und folgt dem Architekturkonzept *Giorgio Massaris* (1687–1766), der die Ideen Palladios in nüchtern-klassizistischen Stil verwandelte.

Das von Fiat erworbene, 1984–86 renovierte und heute für große *Internationale Kunstausstellungen* genutzte Gebäude war der letzte große Palastbau am Kanal.

44 Ca' Rezzonico/ Museo del Settecento Veneziano

Vaporetto Ca' Rezzonico

Geschichte, Kunst und Lebensart des 18. Jahrhunderts museal aufbereitet.

Die Patrizierfamilie Rezzonico, neureich, durch viel Geld und einen Papst (Klemens XIII.) in ihrer Mitte geadelt, machte den Palast in der 2. Hälfte des 18. Jh. zum kulturellen Mittelpunkt der Stadt. Der Bau, 1667 nach Plänen von

Die Ca' Rezzonico gewährt Einblick in die Welt des venezianischen Rokoko

Baldassare Longhena begonnen und erst 1745 von Giorgio Massari zu Ende gebracht, folgt der barocken Konzeption seines ersten Architekten. Die mit Fresken und Gemälden der größten venezianischen Künstler jener Zeit ausgeschmückte Ca' Rezzonico ist seit 1936 eines der interessantesten und vollständigsten Museen der Kunst und Lebensart des 18. Jh.

Museo del Settecento Veneziano

In der Flucht der 40 höchst dekorativen Schauräume auf zwei Stockwerken kann man sich davon überzeugen, daß die malerische Schaffenskraft in der Serenissima, die mit Tintorettos Tod 1549 plötzlich ermattet war, im 18. Jh. noch einmal eine neue große Blüte erlebte.

Den festlichen Auftakt bildet der große, lichte *Ballsaal* im **Piano nobile**. Giovanni Battista Crosato (1670–1756) malte eine Allegorie der (damals bekannten) vier Erdteile an die Decke, Andrea Brustolon, dessen prächtiges Mobiliar in der *Sala del Brustolon* besonders gut zur Geltung kommt, fertigte die Schnitzarbeiten. Die *Sala dell'Allegoria Nuziale* schmückte Tiepolo mit dem fulminanten Fresko ›Vermählung des Lodovico Rezzonico mit Faustina Savargnan‹. Weitere Werke Tiepolos finden sich in der *Sala del Trono* und in der *Sala del Tiepolo*. Der Figurenreigen an den Decken, subtil in Farb- und Lichtwirkung, ist zwar ein unwiderstehlicher Blickpunkt, aber auch Rosalba Carrieras feine Pastellporträts in der *Sala dei Pastelli* sind sehr reizvoll. Tragisch hingegen wirkt ihr Selbstbildnis, das schon die beginnende Krankheit ahnen läßt.

Im **2. Obergeschoß** folgt dem *Portego dei Dipinti* mit dem ›Tod des Darius‹ von Giovanni Battista Piazzetta (1682–1754) zunächst die *Sala del Longhi*. Pietro Longhi (1702–85) bezaubert mit seinen kleinen, oft satirischen Bildern (u. a. das berühmte ›Nashorn‹) vom Alltagsleben der Venezianer, ihren pompösen Festen und dem amüsanten Karnevalsrummel.

Canalettos frühe Veduten ›Rio dei Mendicanti‹ und ›Canal Grande vom Palazzo Balbi gegen Rialto‹ gehören zu den wenigen Arbeiten des Malers, die in Venedig geblieben sind. Vom letzten großen venezianischen Vedutenmaler Francesco Guardi (1712–1793) stammen das Deckenbild in der *Sala delle Lacche Verdi* und zwei Werke in der *Sala del Ridotto*.

Die weiteren Säle zeigen kunstvolle Gebrauchs- und Ziergegenstände, edles Mobiliar und flämische Gobelins. Ein Generationensprung liegt zwischen den farbenreichen und raumgreifend dekorativen Fresken Giambattista Tiepolos und den kühlen, manchmal skurrilen Genre- oder Gauklerszenen seines Sohnes Giandomenico, die von den Wänden in der ehemaligen Villa Tiepolo bei Mira am Brenta-Kanal abgenommen und in die *Sala Villa del Tiepolo* übertragen wurden.

Das **3. Obergeschoß** wirkt auf den Besucher wie ein Resümee der Präsentation. Hier zeigt man im Rokokoambiente noch einmal Gemälde von Guardi und Tiepolo, die durch Entwürfe eines Zeitgenossen, des Bildhauers Giovanni Maria Morlaiter, ergänzt werden. Eine Apotheke mit historischer Einrichtung und ein kleines Theater runden das Bild des Settecento ab

Öffnungszeiten siehe S. 133

45 Gallerie dell'Accademia

TOP TIP

Campo della Carità
Vaporetto Accademia

Unvergleichlich: die Sammlung venezianischer Malerei des 14. bis 19. Jahrhunderts.

Bei der Weiterfahrt auf dem Canal Grande schweifen die Augen über den linksufrig gelegenen gotischen **Palazzo Falier-Bonoro**, der, heiter und aus der Reihe tanzend, dem Canal zwei überdachte Gartenterrassen und ein wenig Grün zuwendet. Rechtsufrig gleitet der Blick über den gotischen **Palazzo Loredan degli Ambasciatori** mit den beiden Nischenfiguren der Frührenaissance im Piano nobile und über die teils aus der Gotik, teils aus dem Barock stammende

Ganz schön skurril: ›Die Schaubude der Gaukler‹ (um 1730) von Giandomenico Tiepolo im Museo del Settecento Veneziano

Doppelanlage der **Palazzi Contarini-Corfù** und **Contarini degli Scrigni** an der Mündung des Rio San Trovaso.

Der **Ponte dell'Accademia** (Akademiebrücke) verbindet den Sestiere San Marco mit Dorsoduro. Rechtsufrig öffnet sich der Campo della Carità zum eindrucksvollen Ensemble der ehem. Klosterkirche *S. Maria della Carità* und der ehem. *Scuola Grande di S. Maria della Carità*, in der Venedigs berühmtestes Museum untergebracht ist.

Gallerie dell'Accademia

»Ich will für den venezianischen Staat ein Attila sein«, erklärte Napoleon 1797 den Deputati des ›Großen Rates‹. Er hielt Wort. Zahlreiche nicht mit Klöstern verbundene Kirchen wurden säkularisiert, die meisten Scuole, Gebets- und Versammlungshäuser von wohltätigen Zunftbruderschaften und Bürgergesellschaften, wurden geschlossen, manche abgerissen, kostbarste Gegenstände eingeschmolzen und etwa 25 000 Gemälde in alle Winde verstreut. 1807 erfolgte auf Weisung des Korsen die Profanierung der Klosterkirche und der Scuola S. Maria della Carità. Hier fand die seit 1750 bestehende, unter ihrem ersten Präsidenten Giambattista Tiepolo staatlich anerkannte ›Accademia di Pittura e Scultura‹ Platz für eine erste Sammlung. Sie wuchs rasch, als die Habsburger Teile von Napoleons Beutegut zurückbrachten und dem Museum umfangreiche private Sammlungen als Stiftungen zuflossen. Heute beherbergen die 24 Säle und Kabinettfluchten ein einzigartiges Œuvre venezianischer Malerei vom 14. bis 19. Jh.

Im einstigen Versammlungsraum der Bruderschaft (**Saal I**) zeigt man *venezianische Malerei des 14. Jh.*, die sich langsam aus der byzantinischen Tradition löst. Ein weiter Bogen spannt sich von *Paolo Venezianos* Polyptychon, das noch ganz der *maniera bizantina* verpflichtet ist, über das Polyptychon *Lorenzo Venezianos* bis zum Triptychon des *Jacobello del Fiore* im spätgotischen Stil (1483).

In **Saal II** folgen große Altarblätter, wichtige Werke der *Frührenaissance*, allen voran: *Giovanni Bellinis* ›Pala di San Giobbe‹ (1478). Großformatig, architekturgerahmt, im verhaltenen Grundton feierlicher Andacht, fast poetisch, zeigt sich hier die Abwendung von den kleinteiligen byzantinischen Bildern. *Vittore Carpaccios* ›Darbringung Christi im Tempel‹ läßt einen direkten Vergleich zwischen seiner und der Malweise seines Lehrers Bellini zu. Giovanni Bellini, der in seiner Frühphase durch die ungemein plastisch gemalten Figuren seines Schwagers Andrea Mantegna (1431–1506) und dessen aus Florenz übernommene Perspektivenlehre wertvolle Anregungen erhielt, ist in **Saal IV** mit drei Madonnenbildern vertreten.

Malerisches Motiv: von der Akademiebrücke hat man einen hinreißenden Blick auf die gestaffelten Palastfassaden und die strahlendweißen Kuppeln von S. Maria della Salute

Tintorettos ›Befreiung eines Christensklaven durch den Hl. Markus‹

Deutlich zeigt sich hier jedoch bereits seine Wandlung von der strengen, oft kühlen Auffassung Mantegnas (›Der hl. Georg‹, ebenfalls in Saal IV) zur feierlichen, zarten, leuchtenderen Darstellungsweise. Zu weiteren Bellini- Madonnen gesellen sich in **Saal V** zwei Bilder *Giorgiones* (1478–1510): Das weltberühmte, rätselhafte ›La Tempesta‹ (›Das Gewitter‹) und das anrührende ›Porträt einer alten Frau‹.

Tizians ›Johannes der Täufer‹ in **Saal VI** kommt in den schwierigen Lichtverhältnissen des Durchgangsraumes nicht voll zur Geltung, leitet jedoch zu den Werken der *Hochrenaissance* in **Saal VII** und **VIII** über, in denen neben lombardischen Malern und dem aus Bergamo stammenden *Palma Vecchio* (1480–1528) nur der Venezianer *Lorenzo Lotto* (1480–1556), arm und verkannt zu Lebzeiten, mit dem ›Porträt eines jungen Adeligen‹ präsent ist.

Den Höhepunkten des Hauses begegnet man in Saal X und XI, den beiden größten Sälen der Accademia, die gefüllt sind mit Hauptwerken der *Hochrenaissance* und des *Manierismus*. Die gewaltige Komposition an der Schmalseite von **Saal X**, ursprünglich als ›Abendmahl‹ für die Dominikanerkirche SS. Giovanni e Paolo bestellt, brachte den Tizianschüler *Paolo Veronese* wegen allzu weltlicher Auffassung des Sujets 1573 vor das Inquisitionsgericht. Doch der Schlaukopf änderte lediglich den Titel des Gemäldes. Als ›Gastmahl im Hause des Levi‹ erregte es keinen Anstoß mehr.

Nicht nur an den großartigen Legendenbildern aus dem Markus-Zyklus, die *Jacopo Tintoretto* für die Scuola Grande di San Marco schuf, und an Veroneses ›Vermählung der hl. Katharina‹ bleibt das Auge haften, sondern vor allem an *Tizians* ›Pietà‹. Der greise Meister malte sein letztes Werk für das eigene Grab, melancholisch und ungemein berührend in der Figur der Maria Magdalena.

In **Saal XI** klingt die Renaissancemalerei mit Bildern des Friulaners *Pordenone* (1483–1539) und des Tizianschülers *Paris Bordone* (1500–71) lang-

Versammlung der Heiligen: Giovanni Bellinis ›Sacra Conversazione‹ (1487/88)

sam aus. Der großformatige Tondo ›Auffindung des Kreuzes‹ von *Giambattista Tiepolo* leitet zum venezianischen Rokoko über.

Im Gang des von Palladio erbauten Konventtrakts (**Säle XII–XIV**) hängen *barocke Landschaften* von *Marco Ricci* (1676–1730) und *Francesco Zuccarelli* 1702–88), Porträts und hochbarocke Werke des Römers *Domenico Fetti* (1589–1624).

Tiepolo, dem Hauptvertreter des Rokoko, ist **Saal XVI** gewidmet. Die mythologischen Szenen seiner kühlen Frühwerke leben aus einem Zusammenklang von lichten Farben. Bei der ›Wahrsagerin‹ seines Lehrers *Piazzetta* (1682–1754) im Nebenraum (**Saal XVI a**) dominiert dagegen der effektvolle Wechsel von Licht und Schatten.

Die drei Kabinette von **Saal XVII** blieben der Kunst des 18. Jh. vorbehalten, den venezianischen *Vedutenmalern*, den Chronisten mit dem Pinsel, Canaletto (1697–1768), *Francesco Guardi* (1712–93), *Rosalba Carriera* (1675–1757) und *Pietro Longhi* (1702–85).

Aus der *Scuola San Giovanni Evangelista* stammt der Gemäldezyklus in **Saal XX**. Das venezianische Stadtleben um 1500 bekommt in *Bellinis* Arbeiten ›Prozession auf dem Markusplatz‹ und ›Wunder der Kreuzreliquie‹, in *Carpaccios* ›Heilung eines Besessenen‹ und in den Bildern *Giovanni Mansuetis* Farbe, Bewegung, Atmosphäre und Authentizität.

Einen weiteren geschlossenen Bilderzyklus von Carpaccio, ›Szenen aus dem Leben der hl. Ursula‹, ehemals *Scuola di S. Orsola*, enthält **Saal XXI**. Die neun Bilder sind wie ein Schauspiel konzipiert, der Künstler hat die Stationen der Heiligenvita in ein Stadtpanorama und in venezianische Landschaft eingebettet, grandios auch im Detail, voll räumlicher und gedanklicher Tiefe.

Ein abschließender Höhepunkt in **Saal XXIV** der Accademia ist *Tizians* wunderschönes Gemälde ›Mariä Tempelgang‹ (1534–38), das aus der formal beruhigten ›klassischen‹ Phase seines Schaffens stammt.

Öffnungszeiten siehe S. 133

46 Palazzo Venier dei Leoni/Peggy Guggenheim Collection

Vaporetto Accademia

Moderne Kunst in bezauberndem Ambiente.

Ungewöhnlich der 1749 begonnene Palast: zu groß gewollt und doch über die Wasserterrasse und den Sockelbau nicht hinausgediehen, blieb er ein Torso. 1947 kaufte ihn Peggy Guggenheim.

Peggy Guggenheim Collection

›Ich habe alles gelebt‹ überschrieb Peggy Guggenheim ihre 1990 in Deutsch erschienene Autobiographie. Die Tochter eines erfolgreichen amerikanischen Industriellen war reich, exzentrisch, zeitweilig mit Max Ernst verheiratet, eine Fundgrube für Skandale und Skandälchen, eine Kennerin moderner Künstler par excellence. Ihre Pariser Galerie ›Guggenheim Jeune‹ war die Grundlage für die allmählich wachsende Privatkollektion, die sie Stück für Stück, Gemälde, Zeichnungen, Objekte und Skulpturen, zwischen 1938 und 1947 in London, Paris und New York erwarb. Anläßlich der ersten Nachkriegsbiennale 1948 präsentierte sie erstmals amerikanische Künstler, u. a. Jackson Pollock, in Venedig. Ein Jahr später erwarb sie den Palasttorso Venier dei Leoni, den sie drei Dezennien als Heim und als Museum nutzte. Peggy Guggenheim starb 1979 und fand ihre letzte Ruhestätte im Palastgarten unweit der Plastiken von Max Ernst und Henry Moore an der Seite ihrer heißgeliebten Hunde. Ihren gesamten Kunstbesitz vermachte sie der New Yorker Salomon R. Guggenheim Foundation mit der Auflage, ihn in Venedig zu belassen.

Die hervorragend präsentierte Sammlung umfaßt eine schöne Auswahl von Werken aller großen Künstler der klassischen Moderne aus der 1. Hälfte des 20. Jh.

Ein großer Bogen spannt sich vom Bereich des **Kubismus** mit Werken von Pablo Picasso, Georges Braque, Juan Gris, Fernand Léger, Gino Severini und Kurt Schwitters über die **Abstrakten** und die **Maler der Zwischenkriegszeit**, Robert Delaunay, Wassily Kandinsky, Piet Mondrian, Paul Klee und den Russen Kasimir Malewitsch, zu den **Surrealisten**, wie Francis Picabia, Marcel Duchamp, Joan Miró, Max Ernst, Jean Arp, Salvador Dalí und René Magritte. Gut vertreten ist auch der Amerikaner Jackson Pollock, der radikalste der **Action-Painting-Künstler**. Im romantischen, baumbestandenen **Skulpturengarten** finden sich neben Plastiken von Henry Moore, Max Ernst, Constantin Brancusi und Marino Marini mit Bedacht ausgewählte Arbei-

Picasso, Braque, Dalí und Kollegen – alle großen Künstler der Klassischen Moderne sind in der Peggy Guggenheim Collection vertreten

Ein Bild von einer Kirche: die barocke Votivkirche S. Maria Salute mit ihren Nachbarn zur Linken, Seminario Patriarcale und Dogana da Mar

ten des Schweizers Alberto Giacometti, der mit seinen schmalen, überlangen ›Figures‹ ein neues Raumgefühl prägte.

Öffnungszeiten siehe S. 134

47 Ca' Dario

Gegenüber der Vaporettostation S. Maria del Giglio

Prachtentfaltung in Marmor und Porphyr.

Der französische Schriftsteller Maurice Barrès verglich zu Beginn des Jahrhunderts in einem Reiseessay den Palast wegen seiner verschwenderisch ausgestatteten **Fassade** mit einer alten juwelenbehängten Dirne, pries ihn zugleich aber wegen seiner Extravaganz und seines Schmuckreichtums als Meisterwerk eines besonders raffinierten Renaissancestils. Unbekannte, vermutlich lombardische Baumeister gestalteten die attraktive Schauseite des Palazzo mit Ornamenten

Klein, aber voller Legenden: der Palazzo Contarini-Fasan (›Casa di Desdemona‹)

und Platten aus vielfarbigem Marmor und Porphyr nach morgenländischen Inspirationen ihres Auftraggebers.

Der Kaufmann Giovanni Dario, Vermittler im Frieden mit der ›Hohen Pforte‹ in Stambul 1479, sah sich, wie eine Hausinschrift besagt, nicht ohne Eigendünkel als ›Urbis Genio‹. War er das wirklich? Venedig verlor in diesem Vertrag Land an der Adria, Inseln in der Ägäis, jährlich 10 000 Dukaten als Tribut an Sultan Mehmet II., den ›Eroberer Konstantinopels‹.

48 Palazzo Corner (Ca' Grande)

Vaporetto S. Maria del Giglio

Übertraf alle älteren Paläste an Größe.

Jacopo Sansovino, seit 1527 in Venedig, ein seltsam Getriebener, ein unruhiger Geist, baute und entwarf wie besessen: Ab 1537 arbeitete er gleichzeitig an der Gestaltung der Libreria auf der Piazzetta, der Zecca, des Palazzo Dolfin Manin und der Ca' Grande für Jacopo Cornaro, einen Neffen der Königin von Zypern. Seine Projekte sind durchaus unter-

schiedlich, im Detail lassen sich aber Ähnlichkeiten erkennen. Die Ca' Grande, das ›Große Haus‹, mit den mächtigen Doppelsäulen der römischen Renaissance an den beiden oberen Geschossen der **Fassade**, sehr plastisch, sehr imposant, die venezianische Dreiteilung fast ignorierend, galt als Vorbild für eine Reihe weiterer Paläste. Heute hat die venezianische Stadtpräfektur in dem Gebäude ihren Sitz.

49 Palazzo Contarini-Fasan (›Casa di Desdemona‹)

Vaporetto S. Maria Salute

Shakespeare ließ sich von den Legenden, die sich um dieses Haus ranken, zu seinem ›Othello‹ inspirieren.

Zunächst ein Blick nach links auf den **Palazzo Gritti**, der längst zum Luxushotel wurde [s. S. 136]. Daneben behauptet sich zimmerbreit, von marmornen Eckquadern eingefaßt, mit Maßwerkrosetten an den Balkonbrüstungen, der **Palazzo Contarini-Fasan** als kleinster Palast am Canal. ›Casa di Desdemona‹ heißt er nach einer alten Legende, die erzählt, daß eine Patrizierin dieses Namens von ihrem Mann, Cristoforo Moro, einem venezianischen Offizier, aus Eifersucht ermordet wurde. *William Shakespeare* ließ sich durch diese Geschichte zur ›Tragedy of Othello, the Moore of Venice‹ inspirieren, die 1604 im Londoner Königspalast Whitehall von Jakob I. uraufgeführt wurde und 1622 erstmals in Buchform erschien. Nach dem Text des englischen Dramatikers komponierte der 70jährige *Giuseppe Verdi* 1883 die so erfolgreiche Oper ›Othello‹.

50 S. Maria della Salute

Vaporetto S. Maria della Salute

Kühn, da auf schlammigem Boden, wurde diese Votivkirche von einem jungen Mann im schönsten Barock erbaut.

Mag für Menschen, die Raum und Weite lieben, das *Seminario Patriarcale* auch zu dicht an der prominenten barocken ›Salute‹ stehen, die grandiose Lage am Canal Grande gibt ihr allen Reiz zurück.

Doge Nicoletto Contarini und der Senat hatten den Kirchenbau im Pestjahr 1630 feierlich gelobt, um durch die Für-

Wunderschön gelegen im Bacino di San Marco: die Dogana da Mar mit der tänzelnden Fortuna als Windzeiger auf der Spitze

bitte Mariens das Ende der 46490 Opfer fordernden Seuche zu erreichen. Der Grundstein für eines der schönsten Gotteshäuser Venedigs wurde 1631 gelegt, 1687 wurde es geweiht.

Man kann nachvollziehen, wie schwierig es für den jungen *Baldassare Longhena* (1598–1682) gewesen sein muß, dem schmalen Grundstück an der Inselspitze von Dorsoduro ein Maximum an Raum für sein architektonisches Vorhaben abzugewinnen. Über achteckigem Grundriß schuf er mit der vom Zentralbau aufsteigenden gewaltigen Kuppel und der von Türmen flankierten Chorkuppel den krönenden Abschluß der Stadtansicht.

Die dem Canal Grande zugewandte, von zwei Nebenfassaden flankierte, mit Voluten (Orecchie), Balustraden und Skulpturen reichverzierte **Hauptfassade** der Marienkirche zeugt von Longhenas unbändiger Gestaltungsleidenschaft. Einen großartigen Akzent setzt die kolossale **Freitreppe**, die zu einem feierlichen **Prozessionstor** in der Art eines Triumphbogens hinaufführt.

Der zentrale Hauptraum im **Inneren** ist kühl, lichtdurchflutet, von strenger Logik des Aufbaus und geht in ein auf acht kolossalen Kompositsäulen ruhendes, klar strukturiertes Kuppelgewölbe über.

Erstaunlich in ihrer Wirkung und Sinnhaftigkeit ist die theatralisch inszenierte Skulpturengruppe des Juste Le Court auf dem *Hochaltar*. Das Thema: Die Muttergottes erhört das Gebet der jugendlichen Venezia zu ihren Füßen und läßt die in Gestalt einer Hexe auftretende Pest von einem Putto vertreiben.

Zum *Salute-Fest* am 21. November jeden Jahres pilgert eine Flut von Gläubigen über eine kurzzeitig errichtete, den Canal Grande überwindende Pontonbrücke zur Kirche und umschreitet einmal den Altar.

Als Schatzkammer venezianischer Renaissancemalerei erweist sich die **Sakristei**. Hier werden Kunstwerke aus verschiedenen im 19. Jh. säkularisierten Kirchen Venedigs aufbewahrt. Von großem Interesse für Tiziankenner ist das Altarbild ›Thronender Markus‹ (1511). Dieses Frühwerk *Tizians*, im Banne seines Lehrmeisters Bellini entstanden, ist feierlich, unbewegt, noch ragen die Heiligen statuenhaft auf. Deutlich tritt hier der Unterschied zu den dramatischen Deckenbildern aus der zerstörten Kirche S. Spirito in Isola zutage, deren alttestamentarische Szenen er 30 Jahre später bravourös, bewegt, mit optischen Verkürzungen malte. Einen Kontrapunkt dazu bildet *Jacopo Tintorettos* 1561 entstandene gewaltige Komposition ›Hochzeit zu Kanaan‹, bei der er die grandiose Perspektive und die Plastizität der Figuren durch Lichtwirkung verstärkte.

51 Dogana da Mar

Vaporetto S. Maria della Salute

Wie ein steinernes Schiff im Meer wirkt das einstige Seezollamt.

Schöner kann keine **Zollstelle** der Welt gelegen sein! Wie ein Schiffsbug ragt der durch Säulen luftig gegliederte, in einen Turm gipfelnde Bau vom Ende des 17. Jh. an der Festlandspitze von Dorsoduro in den Bacino di San Marco hinein. Unterhalb der bekrönenden *Skulpturengruppe*, die Fortuna als Windzeiger tänzelnd und einbeinig balancierend auf einer goldenen, von Atlanten getragenen Weltkugel zeigt, wurden die ankommenden Überseegüter verzollt und in kleinere, kanalgängige Schiffe umgeladen.

Heute beherbergen die einstigen Lagerhallen den berühmten venezianischen *Ruderclub ›Bucintoro‹*.

Der Canal Grande erreicht hier mit 68 m seine größte Breite und mündet in das Becken von San Marco.

Streifzug durch den Sestiere San Marco – enge Gassen, stimmungsvolle Plätze, Jagdgründe für Kauflustige

Der Sestiere San Marco in der großen Schlinge des Canal Grande ist eine Gegend zum Flanieren, Schauen, Staunen, Rasthalten in kleinen Cafés, zum Shopping bei Nobeldesignern oder, abseits der Luxusmeile, in kleinen traditionellen Handwerksläden. Schluchtenartige Gassen, überraschende Brücken leiten zu intimen Plätzen über, auf denen die Lagunenstadt ihre Art zu leben am augenfälligsten und liebenswertesten darstellt. Unser Rundgang führt vom barock-üppigen **Campo San Moisè** zum turbulenten **Campo San Fantin** mit dem wiedererstehenden **Gran Teatro La Fenice**, zum palastgesäumten und flohmarktbunten **Campo San Maurizio**, weiter zur **Chiesa San Stefano**, zum **Rialto**, wo sich abends die Jungen und Schönen am **Campo San Luca** treffen, und schließlich zurück durch das Einkaufsdorado der **Mercerie** zur Piazza San Marco.

52 San Moisè

Campo San Moisè

Barocker Pathos und plastische Kühnheit.

Vincenzo Fini, Prokurator von San Marco, schwerreich und von taufrischem Adel, stiftete die **Fassade** der Moses geweihten, 1668 von Alessandro Tremignon errichteten Chiesa San Moisè. Die Porträtbüste des Stifters auf einem von zwei Fabelkamelen getragenen Obelisken ruht inmitten von barockem Pathos. Tremignon nahm den Baukörper der Kirche, die über den Resten einer viel älteren aus dem 8. Jh. errichtet wurde, bescheiden zurück und ließ der plastischen Kühnheit, die an den spanischen Platereskenstil erinnert, freien Raum.

Chiesa S. Maria del Giglio: oberer Teil der üppigen Barockfassade von Giuseppe Sardi mit Figuren von Juste Le Court

Der Österreicher Heinrich Meyring kreierte diesen allzu üppigen und recht pathetisch wirkenden Dekor der Fassade, der auch bei den umliegenden Bauten keinen Widerhall findet. Das **Innere** macht einen düsteren Eindruck. Nur spärlich fällt das Licht in den Hochaltarraum, auf den wie eine Theaterkulisse ›nachgebauten‹ Berg Sinai und die ebenfalls von Heinrich Meyring gestalteten Skulpturen der monumentalen Inszenierung ›Moses empfängt die Gesetzestafeln‹.

53 S. Maria del Giglio (S. Maria Zobenigo)

Campo S. Maria Zobenigo

Eine Kirche, erbaut zum Ruhm der Familie Barbarigo.

Die *Calle Larga XXII Marzo*, eine elegante breite Gasse, zum Schaufensterbummel wie geschaffen, führt in ihrer Verlängerung zum *Campo S. Maria Zobenigo*.

Ein Fassadenengel mit Posaune scheint die Besucher zur eingeschachtelten Chiesa S. Maria del Giglio mit ihrer üppigen Außendekoration locken zu wollen. Dieses Gotteshaus stammt ursprünglich aus dem 9. Jh., wurde im 16. Jh. erneuert und erhielt gegen Ende des 17. Jh. mit finanzieller Unterstützung der Familie Barbaro die barocke **Fassade** von Giuseppe Sardi mit Figuren von Juste Le Court. Die wuchtigen Säulenpaare, die effektvollen Gesimse und der Skulpturenschmuck kommen in der räumlichen Enge am Rio di S. Maria Zobenigo allerdings kaum zur Geltung.

Der 1660 gestaltete **Innenraum** beherbergt einige sehenswerte Werke von Giuseppe Salviati und Palma Giovane sowie zwei Evangelisten-Gemälde von Jacopo Tintoretto, die ehemals als Orgelflügel gedient hatten. Ob das Fragment der ›Heiligen Familie‹ in der Cappella Molin wirklich – wie auf einem Schild angekündigt – von Peter Paul Rubens stammt, sei dahingestellt.

54 San Fantin

Campo San Fantin

Heitere Barock- und spröde Renaissancearchitektur auf einem turbulenten Platz vereint.

Wuchtig und intim zugleich stellt sich der *Campo San Fantin* dar, eine willkommene Oase, ein Treff unter Sonnenschirmen für Venezianer und Touristen. Das rahmende Bauensemble ist eine Collage aus Jahrhunderten, nicht geplant, sondern gewachsen.

Die **Fassade** der im beginnenden 16. Jh. erbauten Chiesa San Fantin, eine Stiftung des in San Marco bestatteten Kardinals Zen, ist kühl und abweisend, ein schmuckloser steinerner Tresor für verborgene Schätze. *Jacopo Sansovino*

In Erwartung der Gäste: Kellner im Restaurant ›Antico Martini‹ am Campo San Fantin

konzipierte den schlichten, maßvollen **Innenraum** nach dem Schema einer venezianischen Kuppelkirche mit einem erhöhten Altarraum. Der Augsburger Maler *Josef Heintz* (1600–78) schuf das Votivbild über dem rechten Seitenportal, das die Bitte um Befreiung von der 1630 grassierenden Pest zum Thema hat. Der kostbarste Kirchenschatz ist eine ›Grablege Christi‹ von *Palma Giovane* (1544–1628) am Ende der rechten Seitenwand. Die ›Kreuzigung‹ neben dem linken Eingang ist das Werk eines unbekannten Meisters aus dem 16. Jh. Als Vorbild diente ihm die ›Kreuzigung‹ von Tintoretto im Albergo der Scuola Grande di San Rocco [Nr. 94].

Kuriosität am Rande: Im März 1819 suchte ein aus einer Menagerie ausgebrochener Elefant in dieser Kirche Asyl. Doch die Veneziani zeigten keine Ehrerbietung vor dem geheiligten Ort und erlegten den Flüchtigen mit Kanonenschüssen.

Einen Kontrast zum wenig einladenden Äußeren von San Fantin bildet die freundliche Barockfassade der **Scuola di San Girolamo a San Fantin** (1592–1600). Alessandro Vittoria, ein Schüler Sansovinos, arbeitete die bekrönenden Giebelstatuen ›Maria und Engel‹ über dem Tympanonrelief mit dem gekreuzigten Christus. Heute ist dieses Gebäude Sitz eines wissenschaftlichen Instituts. Eine Besichtigung des *Erdgeschoßsaales* mit Deckenbildern von Palma Giovane und des *Albergo* ist nur sehr eingeschränkt möglich.

55 Gran Teatro La Fenice

Campo San Fantin

Ein Opernhaus mit Höhen und Tiefen.

Das Teatro San Benedetto brannte 1788 ab, die Serenissima näherte sich dem Tiefpunkt ihrer Macht, Europa zitterte vor dem Terror der Französischen Revolution, aber *Andrea Memmo*, Diplomat, galanter Abenteurer und ein Jugendfreund Casanovas, trieb das Projekt eines neuen glanzvollen Theaters an Stelle der Brandruine voran. 1790–92 erstand nach einem Modell des Architekten *Gianantonio Selva* über verwinkeltem Baugrund, im Gewirr von Gassen und Kanälen das Gran Teatro La Fenice wie ein Phönix aus der Asche. 1792 wurde es mit Giovanni Paisiellos Oper ›I giochi di Agrigento‹ feierlich eröffnet. Die Nobili waren begeistert von Tranquillo Orsos in Blau, Gold und Rot gehaltenem, mit Marmor und Stuck, Spiegeln und Lüstern verschwenderisch dekoriertem **Innenraum** – und verbanden in den Logen Kunstgenuß mit Lust und Liebe. Nur Napoleon vermißte das imperiale Ambiente. Er ließ sich 1797 eine opulent ausgestattete Königsloge einbauen.

Lieblingskneipe von Commissario Brunetti: das Do Mori nahe der Rialtobrücke

Kulisse für Krimis

Donna Leon, *Literaturdozentin und Globetrotterin aus den USA, lebt seit fast 20 Jahren in Venedig. Hier ersann sie 1991 ihren freundlichen, vertrauenerweckenden, familienväterlichen* **Commissario Brunetti**, *der aus dem soliden Ambiente mediterraner Lebensart unheldisch in die Niederungen der venezianischen Kriminalität absteigt. Donna Leons Krimis stehen auf den Bestsellerlisten und führen meist schon den Namen der Lagunenmetropole im Titel: ›Venezianisches Finale‹, ›Venezianische Scharade‹ oder ›Endstation Venedig‹. Die Phantasie der Autorin schlägt der Realität ein Schnippchen. Die olivgrünen Kanäle, die düsteren engen Calli, die brüchigen Häuser, die miesen Spelunken, die ziehenden Nebelschwaden über schemenhaften Brücken, aber auch die einsame Künstlergarderobe im* **Teatro La Fenice** *werden zu gedachten Schauplätzen des Bösen. Doch das Böse geschieht für sie nur in ihren Büchern. Die selbstbewußte Frau mit dem eisgrauen Haar liebt Venedig, seine Ruhe abseits des Touristenrummels, seine Friedfertigkeit, seine relative Sicherheit, die es anderen italienischen Städten voraus hat.*

1836 zerstörte ein neuerlicher Brand das ›Fenice‹. Es wurde unverzüglich, detailgetreu, mit dem vergoldeten Phönix über dem Entree wiederaufgebaut, und die Kulissen kamen, wie zuvor auch, mit Kähnen.

Das Haus erlebte brillante **Erstaufführungen** der Opern von Rossini, Donizetti, Bellini und Verdi, später Puccini, Mascagni und nach 1950 von Strawinsky, Britten, Prokofieff und Bussotti. Alle großen Opernstars hatten hier ihre grandiosen Auftritte.

1996 fiel das Fenice erneut den Flammen zum Opfer. Geld wurde gesammelt, berühmte Interpreten sangen für den Wiederaufbau des Hauses: Kein Zweifel, der alte Glanz wird bald wiederhergestellt sein.

56 San Maurizio

Campo San Maurizio

Würdevolle Paläste, die Kopie einer alten Kirche und die schönsten Brokatstoffe Venedigs.

Nachklang vergangener Zeiten ist die kleine Kirche auf dem von Palästen der Gotik und der Renaissance gesäumten Campo San Maurizio, gebauter Trotz. Als Napoleon die uralte und von Sansovino erneuerte Kirche San Geminiano an der Piazza San Marco [s. S. 26 f.] zugunsten der Ala Napoleonica abreißen ließ, baute man sie hier 1807–28 exakt nach.

Die Kirche mit der schlichten **Fassade** mit klassischen Bauelementen und Reliefafeln wird im **Inneren** vom architektonischen Effekt bestimmt. Sansovino übersetzte die auf dem Grundriß eines griechischen Kreuzes, von einer Zentralkuppel und vier Trabantenkuppeln überwölbte Markuskirche in Kleinformat und gab ihr die Züge der venezianischen Renaissance. Im eher schmucklosen Innenraum sind das Hauptaltarbild ›Martyrium des hl. Mauritius‹ (1590), eine Kopie nach Paolo Veronese, und ein geschnitztes Kruzifix aus dem 15. Jh. besonders bemerkenswert.

Die Farbigkeit von Veroneses Außenfresken ging dem **Palazzo Bellavite** aus dem Jahr 1550 – links der Kirche – längst verloren. Tafeln weisen darauf hin, daß hier der nach Meinung vieler Venezianer obszöne Schriftsteller *Giorgio Baffo* (1694–1768) und der Romantiker *Alessandro Manzoni* (1785–1873) – bekannt geworden vor allem durch seinen Roman ›I promessi sposi‹ (Die Verlobten) – wohnten. Sporadisch stattfindende **Floh-**

Einst fanden auf diesem Platz Tierhatzen statt: Campo San Stefano mit dem Denkmal von Niccolò Tommaso, der Kirche San Vidal und dem Palazzo Loredan

Unter der imposanten ›Schiffsdecke‹ von San Stefano haben zwei venezianische Berühmtheiten ihre letzte Ruhestätte gefunden: der Doge Francesco Morosini und der Barockmusiker Giovanni Gabrieli

märkte bringen heute buntes Leben auf den Platz. Kenner und Liebhaber venezianischer Brokate finden in dem Laden **V. Trois** an der Ecke die schönste Auswahl der Stadt.

57 San Stefano

Campo San Stefano

Kostbare Gemälde aus säkularisierten Kirchen birgt die Sakristei.

In der Art, wie Gassen aufgefangen, wie Akzente gesetzt werden, ist die Doppelplatzanlage Campo San Stefano und Campo San Vidal beispielgebend. Weit öffnet sich hier das rigorose Gassennetz der dichtverbauten Stadt gegen die Accademia-Brücke.

Der **Backsteinbau** der Kirche San Stefano mit der einen schmalen Wasserlauf überbrückenden Choranlage wurde 1374 vollendet. Weit entfernt steht ihr bedrohlich schiefer **Campanile**, dessen Fundamente zu Beginn des 20. Jh. wegen permanenter Einsturzgefahr vorsorglich verstärkt wurden. Architektonisch vortrefflich gestaltet ist der feierliche spätgotische **Innenraum** der Säulenbasilika, deren Mittelschiff von einem gewaltigen Holzgewölbe (›Schiffsdecke‹) überfangen wird, das die Idee eines Fünfpaßbogens andeutet. Zwei namhafte Venezianer liegen in der Kirche begraben: der Barockmusiker *Giovanni Gabrieli* (um 1555–1612), Organist in San Marco, und der Doge *Francesco Morosini*, dem nie verziehen wurde, daß er als Generalkapitän bei der Eroberung Athens für die Zerstörung des Parthenon auf der Akropolis mitverantwortlich war.

Äußerst wertvolle Schätze aus säkularisierten Kirchen beherbergt die **Sakristei**: u. a. den ›Gekreuzigten‹ von *Paolo Veneziano*, drei Gemälde von *Jacopo Tintoretto*, die beeindruckende, in Hell-Dunkel-Effekten angelegte ›Fußwaschung‹, das feinsinnige, ganz auf Christus ausgerichtete ›Abendmahl‹ und ›Christus auf dem Ölberg‹ als schlafender Schicksalsträumer, außerdem eine ›Heilige Familie‹, die *Palma Vecchio* zugeschrieben wird, und um den Okulus der Eingangswand drei Werke von *Gaspare Diziani* (1689–1767).

Der weitläufige, betriebsame **Campo San Stefano**, der fast nahtlos in den Campo San Vidal übergeht, wird von weiteren bemerkenswerten Gebäuden flankiert. Im Vorgängerbau des **Palazzo Loredan** aus dem 16. Jh. (heute Istituto Veneto di Scienze, Lettere ed Arti) wohnte einst Doge *Leonardo Loredan* (1501–21), der im Kampf gegen die in der Liga von Cambrai verbündeten Staaten viel diplomatisches Geschick und erstaunliche Durchtriebenheit bewies. Schräg gegenüber, an der Ostseite des Campo San Vidal, hinter Vorbauten fast verborgen, liegt der kürzlich restaurierte **Palazzo Pisani** (heute Sitz des städtischen Konservatoriums). In der überaus mächtigen

Anlage, mehr Prunkschloß als vornehmes Stadthaus, gefällt vor allem der durch Arkadengänge aufgelockerte anmutige Innenhof.

Die kleine, uralte, längst aufgelassene **Kirche San Vidal** setzt den Schlußpunkt der großen Doppelplatzanlage nach Süden. Ursprünglich aus dem 11. Jh. stammend, wurde sie in der 1. Hälfte des 18. Jh. erneuert und mit einer an Palladios Entwürfe erinnernden *Fassade* ausgestattet. Das Glanzstück der *Innenausstattung* des gegenwärtig auch für Ausstellungen genutzten Hauses ist Vittorio Carpaccios berühmtes Hochaltargemälde ›Hl. Vitalis zu Pferd‹ (1514).

58 Palazzo Fortuny (Palazzo Pesaro degli Orfei)

Campo San Beneto

Einblicke in die faszinierende Welt des Textilkünstlers Mariano Fortuny.

Sein exzessiver Hang zum Luxus war sprichwörtlich: *Mariano Fortuny y Madrazo*, spanischer Aristokrat aus Granada, kaufte 1892 den venezianisch-gotischen Palazzo der Pesaro am verträumten Campo San Beneto. Kielbogenfenster mit bleiverglasten Butzenscheiben, säulenbestückte Balkone, eine gewaltige unregelmäßige **Fassade,** bildeten den äußeren Rahmen für die Welt des Universalgenies, gleichermaßen Graphiker, Bildhauer, Innenarchitekt, Designer, Sammler, Maler, Bühnenbildner und Besitzer einer Textilfabrik auf der Giudecca, wo erlesenste Stoffe kreiert wurden. In opulent ausgestatteten **Räumen**, vollgesogen mit der Atmosphäre einer elitären Vergangenheit, mischte er brillante Farben – u. a. das berühmte helle Tiepolo-Rosa oder das unnachahmliche Fortuny-Blau –, ersann das Verfahren für die Herstellung hauchdünner, im Licht changierender plissierter Stoffe oder zeichnete die Muster für herrliche Brokate und Seidensamte.

Nach dem Tod des großen Meisters, 1949, ging der Palast an die Stadt Venedig über. Fortuny-Stoffe, Reproduktionen von Fortuny-Lampen, kleine Kunstwerke aus plissierter Seide, Damaste,

Schöne ›Schnecke‹: leicht und luftig wirkt der Wendeltreppenturm von 1499 am Palazzo Contarini del Bovolo

Gold- und Silberdrucke aus der Fortuny-Fabrik findet man in den Läden der Calle Larga XXII Marzo.

Das kleine **Museo Fortuny** mit den Entwürfen und Bildern des begabten Designers ist zur Zeit wegen Restaurierung geschlossen.

59 Palazzo Contarini del Bovolo

Calle e Corte Contarini del Bovolo

Eine einzigartige Wendeltreppe.

Vom Campo San Beneto am Teatro Rossini vorüber zum Campo Manin und den Hinweisschildern in der Calle del Vida folgend, gelangt man zum versteckt liegenden Palazzo Contarini del Bovolo. Lieblingssujet aller architekturinteressierten Fotografen ist hier der mächtige **Treppenturm** im Hof. Um 1500 entstand dieser auftrumpfende Anbau, in dem die schneckenförmige Scala Contarini del Bovolo fünf übereinanderliegende offene Loggien verbindet. Durch die im Kontrast zum leuchtenden Ziegelrot weiß abgesetzten Arkaden wurde eine schwingende, fast schwerelose Wirkung erzielt.

60 San Luca

Fondamenta de la Chiesa

Verwehte Erinnerungen an Pietro Aretino und das Grab von ›Carlotto‹.

Der hl. Lukas sitzt auf dem Rücken eines Stiers und benützt dessen Kopf als Schreibpult: Paolo Veronese dachte sich für das **Hochaltarbild** (1581) der schlichten Kirche von San Luca diese eher ungewöhnliche Beziehung zwischen dem Evangelisten und seinem Attribut aus.

Im Sakristeivorraum weist eine Porträtbüste auf das Grab des deutschen Malers *Carl Loth* (1632–98) hin, den die Venezianer ›Carlotto‹ nannten. Nichts erinnert dagegen an den 1556 verstorbenen *Pietro Aretino*, der ebenfalls in diesem Gotteshaus seine letzte Ruhestätte gefunden hat. Die Venezianer haben den großen Lästerer, den genialen Entdecker der Tatsache, daß man von einer spitzen Feder, von Bosheit und Spott, Schmähbriefen und Erpressungen gut leben kann, den amüsiert perfiden Sittenschilderer seiner Zeit, mit Verve vergessen.

Stürmisch bewegt: Tizians ›Verkündigung an Maria‹ (um 1564) in der Kirche San Salvatore

61 San Salvatore

Campo San Salvador

Tizians ›Verklärung‹ am Hochaltar.

Ursprünglich im ›magischen‹ 7. Jh. gegründet, als in der Lagunensiedlung Heraclea der erste Doge gekürt wurde, zählt San Salvatore zu den ältesten Gotteshäusern Venedigs. Im 12. Jh. durch einen Neubau ersetzt, erhielt die Erlöserkirche 1507–34 nach Plänen von Giorgio Spavento unter der Bauleitung von Tullio Lombardo ihre heutige Gestalt. Die Verblendung der gewichtigen **Fassade** und die Anbringung von barocken Schmuckelementen folgten im späten 17. Jh. einem Entwurf von Giuseppe Sardi. Unlängst wurde eine gründliche Restaurierung abgeschlossen.

Das **Innere** der lichtdurchfluteten Dreikuppelkirche – ein gutes Beispiel für einen Bau der Hochrenaissance – besticht durch Ausgewogenheit, klare Gliederung durch Säulen mit schön gearbeiteten Kapitellen und eine mehrfach profilierte

Attikazone. Zwei herausragende Werke *Tizians* gibt es hier zu bewundern: Seine beeindruckende ›Verklärung‹, die an kirchlichen Festtagen hochgezogen wird, um einen kostbaren silbernen Hochaltaraufsatz des 14. Jh. ins Blickfeld zu rücken, und das Spätwerk ›Verkündigung‹, ein stürmisch bewegtes Bild auf dem letzten rechten Seitenaltar.

An Venedigs ersten Stadtheiligen, Teodoro (Todaro), dessen aus Chios stammende Reliquien sich in der rechten Chorkapelle befinden, erinnert *Paris Bordones* ›Martyrium des hl. Theodor‹ (um 1565). *Jacopo Sansovino* und seine Werkstatt schufen das gewaltige Grabmal für den 1556 verstorbenen Dogen Francesco Venier, dessen Dogat nur knapp zwei Jahre dauerte. In einem Wandgrab im rechten Seitenschiff wurde Caterina Cornaro, die einstige Königin von Zypern, beigesetzt [s. S. 44]. *Francesco Vecellio*, stets nur im Schatten seines Bruders Tizian wahrgenommen, malte die zarten Fresken in der Sakristei.

62 Mercerie

Kreuz und quer durch das Einkaufsparadies.

In dem turbulenten Viertel zwischen Rialto und Torre dell'Orologio (Piazza San Marco) hatten schon im Mittelalter die Händler ihre Läden. Sie nannten sie schlicht ›mercerie‹ (= Kurzwaren).

Obwohl die Mercerie mehrmals ihren Namen wechseln (Merceria San Salvatore, Merceria San Zulian, Merceria del Capitello, Merceria dell' Orologio), wirken sie doch wie ein einziger riesiger **Basar**, in dessen chaotische Fülle nur die Beharrlichkeit und der Kompaß spezieller Interessen ein wenig Orientierung bringt.

Hier gibt es keine festen Routen mehr, in den schmalen, von Markisen beschatteten Gassen frönen Touristen ihrer Kauflust im Dorado der schicken Designerboutiquen, in Souvenirshops, die Muranoglas und die stereotypen zerbrechlichen Clowns feilbieten oder mit Bergen von Masken ewigen Karneval versprechen. Sie erwerben in Lädchen, so klein wie Puppenstuben, Schmuck oder Antiquitäten, Marmorpapier, Spitzen und Marzipanfiguren, wie sie origineller kaum irgendwo sonst hergestellt werden.

Der Einfallsreichtum und die moderne Dekorationslust der Geschäftsbesitzer macht in der Mercerie aus der Museumsstadt, die so gerne in der Aura ihrer einstigen Pracht verharrt, eine lebendige Stadt der Gegenwart, wo Luxus und Talmi, Handwerk und Massenwaren, Glanzlichter und Kitsch aufeinandertreffen.

63 San Zulian (San Giuliano)

Campo San Zulian

Ein Arzt setzte sich selbst ein Denkmal.

Im turbulenten Getriebe und Geschiebe auf der Merceria San Zulian wirkt der kleine Platz mit der Kirche San Zulian wie eine Oase. Der egozentrische Arzt *Tommaso Rangone* aus Ravenna stiftete 1553 für das mittelalterliche, längst brüchige Gotteshaus eine neue **Fassade**. Nicht ohne Grund: Da ihm der Senat die Aufstellung einer Porträtbüste auf der Piazza San Marco untersagt hatte, suchte Rangone einen anderen würdigen Rahmen. Nun thront der Arzt, in Stein porträtiert, stolz über seinem Grabmal in der Portallünette von San Zulian, flankiert von griechischen und hebräischen Inschriftentafeln, auf denen er seine eigene Großzügigkeit gebührend loben und für die Nachwelt verewigen ließ.

Jacopo Sansovino, der Vielbeschäftigte, begann 1560 mit der Errichtung der Fassade, die nach seinem Tod, zehn Jahre später, von *Alessandro Vittoria* vollendet wurde. Im Zuge dieser Arbeiten mußte schließlich auch der Rest des alten Bauwerks erneuert werden.

Der schlichte, fast quadratische **Innenraum** besticht durch seine prachtvoll geschnitzte Kassettendecke (*soffitto*), in der sich neun Gemälde um *Palma Giovanes* ›Hl. Julian in der Glorie‹ gruppieren. An der Schwelle von der Spätrenaissance zum Barock stehen *Paolo Veroneses* Spätwerk ›Christus erscheint den hll. Markus und Hieronymus‹ am 1. Altar rechts und *Alessandro Vittorias* Statuenschmuck ›Die hll. Katharina und Daniel‹ mit dem traurigen Löwen am folgenden Altar. Hingebungsvoll, unter Verwendung beinahe theatralischer Effekte, beschäftigte sich *Antonio Zanchi* (1631–1722) auf großformatigen Gemälden im Presbyterium mit Wunder und Martyrium des hl. Julian. Die Ausstattung des Gotteshauses findet in der marmornen Engelspietà des Veroneser Bildhauers *Gerolamo Campagna* in der linken Chorkapelle ihren Ruhepunkt.

Über die Riva degli Schiavoni zum Arsenal – die Promenade und ihr sprödes Hinterland

Die gelassene Individualität des Stadtteils, in dem mit dem **Arsenal** das Glanzstück venezianischer Macht lag, zeigt sich schon am Ufer des Bacino di San Marco. Dieser Teil des Sestiere Castello, östlich der Piazza San Marco und des Ponte dei Sospiri, ist kein homogenes Viertel. Wasser, Schiffe, der zauberhafte Fernblick spielten und spielen an der **Riva degli Schiavoni** die Hauptrolle. Hotels bieten Luxus, die Restaurants präsentieren sich in bester Aussichtslage, Spaziergänger genießen Seeluft und Weite, die Linienschiffe zu den Inseln legen hier an und ab.

Im Hinterland der breiten Riva, die alle mündenden Wasserläufe überbrückt, findet man die stillen, schlichten, robusten volksnahen **Campi**: **San Zaccaria**, **Bandiera e Moro**, **San Martino** und **San Pietro**. Weit draußen, im fast vergessenen Viertel S. Elena, in den napoleonischen Giardini, lebt das **Biennale-Gelände** bloß alle zwei Jahre auf, und **San Francesco della Vigna** besuchen nur die hartnäckigsten Freunde der Renaissance.

Willkommen auf der Riva degli Schiavoni: der Name der Flaniermeile am Bacino di San Marco erinnert an die Dalmatiner, die sich einst in Venedig angesiedelt hatten

64 Chiostro di S. Apollonia

Fondamenta S. Apollonia
Vaporetto San Zaccaria

Ein Kleinod: Venedigs einziger erhaltener romanischer Kreuzgang.

Ziemlich versteckt, im Schatten des Palazzo Ducale, liegt der stille romanische **Kreuzgang** von S. Apollonia aus dem 13. Jh. Seine sehr suggestive Säulenarchitektur wurde im Rahmen von Restaurierungsarbeiten von Zusätzen vergangener Jahrhunderte befreit und verbreitet heute eine ausgesprochen würdevolle Stimmung. Interessante römische und byzantinische Skulpturenfragmente sind in den Umgang eingefügt.

In den oberen Stockwerken des Klosterkomplexes ist das **Museo Diocesano** untergebracht, eines der weniger frequentierten Museen in Venedig, das qualitätvolles liturgisches Gerät, Gemälde und Skulpturen aus aufgelassenen Klöstern zeigt.

Öffnungszeiten siehe S. 134

Die Chiesa San Zaccaria, 1460 von Antonio Gambello begonnen und 1481–1500 von Mauro Codussi vollendet, gehörte einst zum mondänsten Konvent der Stadt

65 San Zaccaria

Campo San Zaccaria
Vaporetto San Zaccaria

Konvent voll Adel und Lebenslust.

Das gleichnamige Kloster und die Kirche am stillen Campo San Zaccaria wurden im 9. Jh. gegründet. Adelige junge Damen lebten, oft auf Elternwunsch und nicht eben freiwillig, in dem heute zur Kaserne umgewandelten **Nonnenkloster**, pflanzten Gemüse, stickten die Dogenkappen und erfreuten sich an dem alljährlichen österlichen Prozessionszug des Dogen und seines Gefolges (*Andata*), der hier sein Ziel hatte.

Der 1460 von Antonio Gambello begonnene Kirchenbau wurde 1481–1500 von Mauro Codussi fertiggestellt. An der **Fassade** mischen sich, bedingt durch den Baumeisterwechsel, die Architekturstile. Die beiden unteren Geschosse von Gambello erscheinen noch kleinteilig gedrängt, der Gotik verhaftet, während die oberen Stockwerke mit ihrer kraftvollen Gliederung, den Rundbogenfenstern, den frei stehenden Säulen und dem halbrunden Giebel bereits der venezianischen Frührenaissance verpflichtet sind.

Das **Innere** des Sakralbaus vermittelt mit seinen mächtigen Säulen, die aus kunstvoll gemeißelten Basen und oktogonalen Pfeilern zu Adlerkapitellen aufsteigen, eine feierliche Wirkung. Im für Pilger angelegten *Chorraum* mit einem architektonisch schön gestalteten Umgang aus dem 15. Jh. ist jede Formenstrenge aufgelöst: Gotische Spitzbögen und Maßwerk harmonieren erstaunlich gut mit halbrunden Renaissanceelementen. Die vier Chorkapellen erinnern durch ihre Anordnung an die romanische Architektur des Vorgängerbaus. Auf Alessandro Vittoria († 1604), dessen Grabmal an der linken Kirchenseite seinen Platz hat, geht die Gestaltung des Hauptaltars zurück.

Das Prunkstück der Kirche findet sich auf dem zweiten Seitenaltar links: *Giovanni Bellinis* berühmte ›Pala di San Zaccaria‹, signiert und 1505 datiert. Dieses in leuchtend warmen Farben gehaltene Alterswerk des Meisters, eine ›Sacra Conversazione‹, die Gottesmutter im Kreis von Heiligen thronend, strahlt vornehme Ruhe, zarte Poesie, viel Würde und Innigkeit aus.

Überaus interessant ist auch ein Frühwerk *Jacopo Tintorettos* (1518–94): Die ›Geburt Johannes des Täufers‹ in der

Glanzstück von San Zaccaria: die ›Pala di San Zaccaria‹, die Giovanni Bellini im hohen Greisenalter malte

Sakristei. Noch deutet der Maler hier die Geheimnisse des Lichts nur durch goldenes Gewölk an, die pointierten Hell-Dunkel-Kontraste wurden erst später charakteristisch für sein Schaffen.

Die Fresken zwischen den Gewölberippen der anschließenden ursprünglich romanischen, später gotisierten *Cappella di San Tarasio* stammen von dem Florentiner Maler Andrea del Castagno (1421–57) und zählen zu den Hauptwerken dieses Bahnbrechers der florentinischen Frührenaissance.

Die romanische *Krypta* unterhalb der Kapelle stammt als einziger Bauteil noch aus der Gründungszeit, ihre Säulen stehen allerdings ständig unter Wasser.

66 La Pietà (S. Maria della Visitazione)

Vaporetto San Zaccaria

Der Volksmund gab ihr den klingenden Namen ›Chiesa di Vivaldi‹.

Giambattista Tiepolos Deckengemälde dominieren den Hauptraum dieser von Giorgio Massari 1745–62 erbauten Kirche. Die **Fassade** orientiert sich zwar an palladianischen Vorgaben, wurde allerdings erst 1906 fertiggestellt.

Die Kirche und die angrenzenden Gebäude des **Ospedale della Pietà**, im 17. Jh. Waisenhaus für junge Mädchen, beherbergten im 18. Jh. ein Konservatorium, das ab 1716 unter der Leitung des wegen seiner Haarfarbe ›prete rosso‹ (roter Priester) genannten *Antonio Vivaldi* (1678–1741) größte Anerkennung erfuhr. Die Sinfonien und Konzerte des bedeutenden Komponisten, allen voran die berühmten ›Vier Jahreszeiten‹ (›Le quattro stagioni‹), werden in dem hohen klassizistischen Kirchenraum, der über eine ideale Akustik verfügt, noch heute gelegentlich aufgeführt.

67 San Giorgio dei Greci

Ponte dei Greci

Kulturelles und religiöses Zentrum der griechisch-orthodoxen Gemeinde.

Gärten und Grün sind in Venedig eine Kostbarkeit. Um so mehr bezaubert die von Oleanderbüschen eingefaßte, von Bäumen halb verborgene Mutterkirche der griechisch-orthodoxen Gemeinde, deren bedrohlich schiefer **Campanile** von 1603 sich im Wasser des Rio dei Greci spiegelt.

Die Wurzeln von San Giorgio reichen ins 15. Jh. zurück, als die Zahl der in Venedig lebenden Griechen nach der Eroberung Konstantinopels durch die Türken 1453 sprunghaft angestiegen war. Nach Plänen von Sante Lombardo, einem Sohn des Bildhauers Tullio Lombardo, entstand 1539–61 ein anmutiger **Kirchenbau**, der allerdings durch die 1571 aufgesetzte Riesenkuppel etwas an Eleganz und Leichtigkeit einbüßte.

Dem griechischen Ritus trägt die **Ausstattung** des überwölbten Saalraums Rechnung. Die reichgeschmückte *Ikonostasis* aus dem 16. Jh. enthält eine schöne Pantokrator-Ikone des 14. Jh. Das übrige Bildprogramm folgt der griechischen Sakralmalerei, deren Glanzzeit längst vorüber war.

In der 2. Hälfte des 17. Jh. entstand nach einem Entwurf Baldassare Longhenas links der Kirche **›Il Tesoro‹**, das Schatzhaus. Seit 1953 sind hier das **Griechische Kulturinstitut** und das **Museo Dipinti Sacri Bizantini** untergebracht, das griechische, kretische und venezianische Ikonen präsentiert.

Öffnungszeiten siehe S. 134

›Georgs Kampf mit dem Drachen‹ schuf der begnadete Renaissancemaler Vittore Carpaccio für die Scuola di San Giorgio degli Schiavoni

68 Scuola di San Giorgio degli Schiavoni

Ponte dei Greci

Carpaccios denkwürdig gemalte Meisterwerke mit Heiligenlegenden.

Das Juwel des im Jahr 1550 erbauten **Bruderschaftshauses** der dalmatinischen

Lauschiges Plätzchen: die Kirche San Giorgio dei Greci ist umgeben von Oleanderbüschen und Bäumen

Seeleute, Händler und Handwerker ist ein wunderbarer *Gemäldezyklus* von Vittore Carpaccio und seiner Werkstatt (1501–11), der vor allem Szenen aus den Viten der Lieblingsheiligen der Dalmatiner, Georg, Hieronymus und Triffon, zum Thema hat. Der Bilderbogen spannt sich von ›Georgs Kampf mit dem Drachen‹ über die ›Taufe des libyschen Königspaares durch Georg‹, ›Triffon vertreibt einen Dämon‹, ›Berufung des hl. Matthäus‹, ›Hieronymus bringt den gezähmten Löwen ins Kloster‹ und ›Tod des hl. Hieronymus‹ bis zu ›Der hl. Augustinus in der Studierstube‹.

Carpaccios Bilder sind gedankenvoll und farbenfroh, fromm und weltlich zugleich, von großer Raumtiefe und voller Details aus der venezianischen Umwelt seiner Zeit. Das macht sie auch kulturhistorisch so interessant und hebt sie von den gängigen Legenden ab.

Öffnungszeiten siehe S. 134

69 San Giovanni in Bragora

Campo de la Bandiera e Moro
Vaporetto Arsenale

Eine Kostbarkeit: Giovanni Battista Cimas ›Taufe Christi‹.

Nur mehr einige Säulen erinnern an den Kirchenbau der venezianischen Frühzeit. Die heutige spätgotische, aus rotem Backstein errichtete Basilika auf dem friedlichen *Campo de la Bragora* entstand im 15. Jh. Das unscheinbare, aber sympathische Äußere verbirgt eine reiche **Innenausstattung**. Cima da Conegliano (eigentl. Giovanni Battista Cima, um

1459–1518), einer der Hauptmeister der venezianischen Frührenaissance, malte die schöne schlichte ›Taufe Christi‹ (1494) im erhöhten Altarraum, die beiden Gemälde ›Kaiser Konstantin und die hl. Helena‹ und ›Legende des Heiligen Kreuzes‹ neben der Sakristeitür. Weitere Bilder stammen von Paris Bordone (›Abendmahl‹) und von Alvise Vivarini (›Auferstehung Christi‹ und ›Madonna‹).

70 San Martino

Campo San Martino
Vaporetto Arsenale

Vier zauberhafte Engelfiguren von Tullio Lombardo.

Weitab vom touristischen Venedig ist der **Campo San Martino** ein guter Ausgangspunkt, um einen robusten, schlichten Wohnbezirk mit wenigen Sehenswürdigkeiten, aber viel Lokalkolorit zu entdecken.

Die **Kirche** der Spätrenaissance mit ihrer Längsfront am Rio Ca' di Dio wurde 1550 nach einem Entwurf von Jacopo Sansovino errichtet, im 17. und 18. Jh. umgebaut und teilweise neu ausgestattet.

Der *Innenraum* über quadratischem Grundriß wirkt durch die symmetrische Anordnung der Kapellen harmonisch, das zentrale Deckenbild ›Glorie des hl. Martin‹ von Jacopo Guarana (1720–1808) wurde in bereits bestehende Architekturmalereien eingefügt. Das ›Letzte Abendmahl‹ (1549) an der Orgelbrüstung ist ein Spätwerk des Bellini-Schülers Girolamo da Santacroce.

Beeindruckend auf dem kleinen Marmoraltar in der *linken Seitenkapelle* sind die vier knienden Engel von Tullio Lombardo, exzellente Beispiele venezianischer Plastik des ausgehenden 15. Jh.

71 Arsenale

Campo de Arsenale
Vaporetto Arsenale

32 000 ha für den Schiffsbau und die Waffenschmiede Venedigs.

Als die Kapazität der privaten Werften für Venedigs hochfliegende Pläne nicht mehr ausreichte, wurde 1104 das Arsenal – der Name leitet sich möglicherweise aus dem arabischen ›darsiná-a‹ (Haus des Handwerks) ab – gegründet.

In der größten Werft und Waffenschmiede der damaligen Welt – Dante Alighieri empfand bei einem Besuch Inferno-Impressionen und verarbeitete sie

Architektonischer Auftakt der Renaissance in Venedig: der 1460 angelegte Ingresso di Terra war der Landeingang für die größte Werft und Waffenschmiede der damaligen Welt

im XX. Höllengesang der ›Divina Commedia‹ – mühten sich zur Blütezeit Venedigs im 15. Jh. bis zu 18 000 Menschen ab. Nur Stunden brauchte man für den Bau einer Galeere. Hier entstanden die gewaltigen venezianischen Flotten, die pisanische, genuesische und türkische Geschwader wiederholt vernichteten.

Der **Ingresso di Terra** (Landeingang) wurde 1460 angelegt, ein prächtiges Triumphtor mit einem überaus grimmigen Markuslöwen in der Attika, das als Auftakt der Renaissance in Venedig gilt. Im Überschwang des Seesieges von Lepanto (1571) wurde das Tor mit einer ›Erfolgsinschrift‹ versehen, der Veroneser Girolamo Campagna schuf die bekrönende hl. Justina als Siegespatronin. Die das Tor flankierende, in ihrer Wächterfunktion eher lustlos wirkende Löwenfamilie ist Beutegut aus dem griechischen Eroberungszug des Francesco Morosini (1687). Der schlankste der Löwen aus naxischem Marmor stammt aus Delos, dem mythischen Geburtsort des Apollon und der Artemis. Napoleon, den ›Mörder der Markuslöwen‹, konnten die Tiere nicht abhalten, alle Kanonen und Schiffsausrüstungen nach Frankreich mitzunehmen, seine Soldaten nicht, alle Schiffe zu versenken, zu zerschlagen, zu verbrennen.

Das Arsenal, heute teilweise als **Kaserne** genutzt, macht einen desolaten, altersschwachen Eindruck und ist für die Öffentlichkeit nicht zugänglich. Eine Vorstellung von der gigantischen Anlage gewinnt man jedoch bei der Fahrt mit einem Vaporetto der Linie 52.

TOP TIP 72 Museo Storico Navale

Campo San Biago
Vaporetto Arsenale

Schiffe, Gondeln, Originale, Modelle: Venedigs Stolz, Venedigs Vergangenheit – Reste, die Napoleon übrigließ.

In einem ehem. Kornspeicher der Republik, dessen Fassade zwei riesige Anker schmücken, sind bedeutende Zeugnisse der traditionsreichen venezianischen und italienischen Seefahrt untergebracht.

Das mit Kanonen und Festungsmodellen ausgestattete **Parterre** ist vor allem der Erinnerung an *Angelo Emo* (1721–92), den letzten Admiral der venezianischen Flotte, gewidmet.

Der **1. Stock** dient vorwiegend der Präsentation von *Schiffsmodellen*. In Saal 17 ist das Modell des letzten ›*Bucintoro*‹ zu bewundern. 100 Fuß lang war diese zweistöckige, überreich mit vergoldeten Skulpturen dekorierte Prachtgaleere. Das Banner der Republik wehte auf vergoldetem Mast, Karyatiden trugen das rote Samtdach über einem exquisit ausgeschmückten Thronraum. Alljährlich brachen die Dogen am Himmelfahrtstag zur Erinnerung an die Begründung der venezianischen Adriaherrschaft in einer farbenprächtigen Prozession seewärts auf und warfen bei San Nicolò Lido zur symbolischen Vermählung mit dem Meer einen goldenen Ring ins Wasser. 1797 ließ Napoleon den Bucintoro als Sinnbild von venezianischer Macht und venezianischem Luxus zerstören.

Den **2. Stock** dominieren Uniformen, nautische Instrumente, Waffen, Trophäen, Schiffsgemälde sowie Fotos, Zeichnungen und Modelle der italienischen Marine 1930–80. Im **3. Stock** dokumentieren neben Gondeln Schiffsmodelle die Entwicklung der Schiffbautechnik vom 16. bis 20. Jh. Eine Muschelsammlung befindet sich im **4. Stock**. Hier kann man sich außerdem anhand von Modellen, Schautafeln und Karten über eine Expedition von Roald Amundsen informieren.

Öffnungszeiten siehe S. 134

73 Biennale-Gelände

Viale Trieste (Eingang)
Vaporetto Giardini

Europas größtes Forum zeitgenössischer Kunst.

I Giardini, die ›öffentlichen Gärten‹ am Ostrand Venedigs, wurden 1807 im Auftrag Napoleons angelegt. Die Venezianer nahmen das ›verordnete‹ städtische Grün nur mit mäßiger Begeisterung an. Als die Honoratioren der Lagunenstadt gegen Ende des 19. Jh. nach einem neuen Konzept für die Attraktivitätssteigerung der heimischen Kulturszene suchten, wurde die Biennale als Begegnungsort der **Avantgardekunst** ins Leben gerufen. Man verwandelte den alten Konzertsaal der Gärten mit Ambition, Gips und Stuck in den **Palazzo dell'Espositione**. Im Beisein des italienischen Königspaares fand 1895 die feierliche Eröffnung der ersten Ausstellung statt. Seither ist die alle zwei Jahre zwischen Juni und Oktober stattfindende Biennale – wenn auch manchmal von Skandalen begleitet – ein Erfolg.

Die 30 **Länderpavillons**, ab 1907 entstanden, wurden teilweise von berühmten Architekten gestaltet und stellen einen Parcours durch die Baukunst des 20. Jh. dar. Einige sind herausragend: der finnische Pavillon von Alvar Aalto, der niederländische von Gerrit Rietveld, der österreichische von Josef Hoffmann, der venezolanische von Carlo Scarpa, der kanadische von Ernesto N. Rogers.

Das Biennale-Gelände ist längst zu klein geworden. Leerstehende Kirchen oder mobile Holzbaracken helfen inzwischen, die Flut der Ausstellungsbewerber zu bewältigen.

Die Grünanlagen der Giardini beidseitig des Rio di S. Elena, die die Venezianer in ihrer dichtverbauten Stadt so nötig haben, sind in ausstellungsfreien Jahren nur außerhalb des Biennale-Geländes zugänglich.

74 S. Elena

Viale S. Elena,
Campo della Chiesa
Vaporetto S. Elena

Kirche der hl. Helena, der Mutter Kaiser Konstantins des Großen.

Die ursprünglich auf der nach ihr benannten Insel gelegene, durch Bodenaufschüttungen an ›Land gezogene‹ spätgotische Kirche S. Elena wurde im 13. Jh. gegründet, 1435 erneuert, 1807 profaniert und 1926 wieder als Gotteshaus eingerichtet. Die erste Kapelle rechts birgt die Reliquien der hl. Helena, der Mutter Kaiser Konstantins d. Gr., die laut Legende das Kreuz Christi wieder aufgefunden haben soll.

Das Bemerkenswerteste an der Kirche ist ihr **Portal** aus der Frührenaissance. Die Lünette birgt eine Grabkiste, vor der die Skulpturengruppe ›Admiral Vittore Capello kniet vor der hl. Helena‹ (1470) zu sehen ist. Das Können des unbekannten Meisters zeigt sich vor allem in der Darstellung der Physiognomie des 1467 im Kampf gegen die Türken gefallenen Flottenkommandanten. Ausdrucksstärke und Mimik sind einzigartig in der venezianischen Skulptur der Frührenaissance.

75 San Pietro di Castello

Campo San Pietro

Ehemals Sitz des Patriarchen.

Am östlichen Stadtrand liegt die Isola San Pietro di Castello. Die Gegend ist ärmlich, brüchig, melancholisch, die Buntheit vieler Hausfassaden kann den Verfall nicht kaschieren.

Weit entfernt vom Zentrum der Staatsmacht, unter Kontrolle des Arsenals, auf der Insel Olivolo, hatten Venedigs Bischöfe 827–1850 ihren Sitz (seit 1451 waren sie Patriarchen). Das Ensemble Palazzo Patriarcale und Chiesa San Pietro di Castello, im 17. Jh. erneuert, läßt architektonische Geschlossenheit vermissen. Der **Campanile**, edel, schön, ein wenig schief, entstand 1482 nach Plänen

In den ›öffentlichen Gärten‹: amerikanischer Pavillon auf dem Biennale-Gelände

Mit Freude zum Detail hielt Gabriele Bella, venezianischer Maler des 18. Jh., den Einzug des Patriarchen in San Pietro di Castello fest (Pinacoteca Querini-Stampalia)

von Mauro Codussi im Stil der Frührenaissance. Die Fassade der 1586 erneuerten Kirche folgt den klassizistischen Vorgaben Palladios. Der lichtdurchflutete, wenn auch ein wenig nüchterne **Innenraum** wurde ab 1618 von Girolamo Grapiglia gestaltet. Kühl, trotz eines barocken Figurenreigens von Baldassare Longhena, wirkt auch der *Hochaltar* mit dem Reliquienschrein für den 1690 heiliggesprochenen ersten Patriarchen Venedigs, Lorenzo Giustinian.

Edles muß man suchen: ein Spätwerk des Paolo Veronese, ›Die hll. Johannes Evangelist, Petrus und Paulus‹ (um 1580), in der *Cappella Vendramin*, eine ›Immaculata‹ von Giovanni Maria Morlaiter im *linken Seitenschiff*, ein mosaiziertes Altarbild aus dem Jahr 1570 von Arminio Zuccato, vielleicht nach einem Entwurf Tintorettos, in der *Cappella Landò*.

76 San Francesco della Vigna

Campo San Francesco della Vigna

Renaissancearchitektur, Renaissanceskulptur, Renaissancemalerei.

Die Kirche steht an jener Stelle, wo sich die wundersame Geschichte von der *Praedestinatio Sancti Marci* ereignet haben soll, die als ›Il sogno di San Marco‹ bekannt wurde. Dem sich zwischen Rebstöcken ausruhenden hl. Markus war im Traum ein Engel erschienen, der zu ihm sagte: »Pax tibi Marce, evangelista meus, hic requiescat corpus tuum ...« (Friede sei mit dir, Markus, mein Evangelist, wisse, daß hier dereinst dein Leib ruhen wird). ›Hier‹ bedeutet Venedig, ›Pax tibi Marce‹ ist das Motto der Republik. San Francesco della Vigna, weitab vom Stadtzentrum, ursprünglich von Weingärten, heute dicht von Gebäuden umringt, entstand im 13. Jh. als monumentaler Klosterkomplex. Die alte Kirche wurde im 16. Jh. nach Plänen von Jacopo Sansovino neu gebaut, ab 1562 führte Andrea Palladio die **Fassade** aus. Es war sein erster großer Versuch, ein christliches Kultgebäude mit einer antiken Tempelfront zu schmücken. Er gelang meisterlich. Der würdevolle Mittelrisalit mit seinen vier kolossalen giebeltragenden Halbsäulen wird von niedrigeren Seitenteilen flankiert und bietet ein Bild von großer Ausgewogenheit.

Sansovino gestaltete den **Innenraum**. Er ist großzügig angelegt, hell, kühl, nüchtern, überschwenglich nur in der *Cappella Giustiniani* mit ihrem reichen Reliefdekor aus der lombardischen Schule um Pietro Lombardo. Die edlen Ausstattungsstücke, Evangelistendarstellungen in Grisailletechnik von Tiepolo, eine ›Maria mit Kind‹ von Paolo Veronese, Giovanni Bellinis Altarbild in der Cappella Santa und die ›Thronende Madonna‹ von Antonio da Negroponte, würden ein freundlicheres Ambiente verdienen.

Von der Piazza San Marco zur Fondamenta Nuove – Mischung von Leben, Glanz und Abglanz

Flanieren im Labyrinth der Gassen: Brücken wie den **Ponte del Paradiso**, der unter einem gotischen Giebel endet, und Hausfassaden, von denen skulptierte Köpfe grüßen, kann man hier entdecken. Charakteristische Gassen durchwandern, wo die sich fast berührenden Balkone gegenüberliegender Häuser ein schattiges Dach bilden. In kleinen Lokalen beim **Campo S. Maria Formosa** frittierten Mozzarella oder *cicheti* mit Ruccolamus kosten, im pittoresken ›Mascaron‹ venezianische Spezialitäten wie ›pasta e fagioli‹ genießen. Der Weg durch den nördlichen **Sestiere Castello** ist nicht nur für Kunstinteressierte ein großer Gewinn.

77 Palazzo Querini-Stampalia / Pinacoteca Querini-Stampalia

Campiello Querini-Stampalia
Vaporetto Salute

Eine berühmte Bibliothek und eine Pinakothek mit einer einzigartigen Sammlung von Genrebildern Pietro Longhis.

Familiengeschichte *alla veneziana*: Die Querini zählten zu den venezianischen Gründerfamilien. Sie waren im Laufe der Jahrhunderte Verschwörer, Dichter und Usurpatoren, Kardinäle und Botschafter, Mäzene und Stifter. Als Giovanni Querini-Stampalia, einer der Nachfahren, 1868 kinderlos starb, hinterließ er der Stadt eine berühmte Bibliothek und eine überaus reichhaltige Pinakothek.

Carlo Scarpa (1906–78), einer der wichtigsten Architekten der italienischen Moderne, gestaltete den im 16. Jh. errichteten **Palazzo Querini-Stampalia** 1961–68 zum Museumsquartier um. Dem Neuerer ›mit der sanften Hand‹, gerühmt für die Innenausstattung von Museen in Mailand und Verona, gelang es prächtig, Modernes mit Altem, Stahl und Beton mit Holz und Marmor zu verknüpfen. Bezaubernd ist auch der kleine Atrium-Garten. Die **Bibliothek** im originalen Ambiente des Familienpalastes enthält 275 000 Bände, 1200 Handschriften, 100 Inkunabeln, 1600 Bücher aus dem 16. Jh. und wertvolle alte Atlanten und Seekarten.

Blick in das Atrium des Palazzo Querini-Stampalia, den der venezianische Designer-Architekt Carlo Scarpa 1961–68 restaurierte und in ein Museum verwandelte

Aus dem Bildzyklus der Sakramente stammt Pietro Longhis ›Kommunion‹ (um 1650/60) in der Pinacoteca Querini-Stampalia

Pinacoteca Querini-Stampalia

Bilder und Möbel sind im Einklang, die museale Absicht nicht unmittelbar spürbar: Eine reiche Familie mit einem exquisiten Geschmack kaufte erlesene und historisch interessante Kunstwerke und schmückte damit ihren Palast.

Neben Gemälden von Giovanni Bellini, ›Darbringung Jesu im Tempel‹ und ›Madonna mit Kind‹, dem ›Selbstporträt‹ von Palma Giovane, Palma Vecchios ›Porträt von Francesco Querini und seiner Gemahlin‹, einer ›Madonna und Kind‹ von Bernardo Strozzi und Giambattista Tiepolos ›Porträt eines Prokurators‹ ist die Präsentation zweier venezianischer Maler des 18. Jh. von besonderem Interesse. *Gabriele Bellas* (1730–1798) Bildprogramm ist auf die Säle des Dogenpalastes zugeschnitten und dokumentiert vor allem die würdevolle, steife Herrlichkeit der Nobili in ihren Amtssitzen, bei ihren Prozessionen und Feierlichkeiten. Doch auch das lebensprühende Venedig des Rokoko mit seinen Festen, Stierkämpfen und Regatten kommt in seinen Werken zur Geltung.

Einzigartig ist die Sammlung von Arbeiten *Pietro Longhis* (1702–85) und seiner Werkstatt. Anmutig schildert der Genremaler in seinen kleinen Bildern das alltägliche, das fromme und das galante Leben der Venezianer, er gibt auch Jagdszenen in der Lagune und bunte Karnevalsumzüge wieder.

Öffnungszeiten siehe S. 134

78 S. Maria Formosa

Campo S. Maria Formosa

Legendenumwobener Blickpunkt in einem Rahmen aus bemerkenswerten Palästen.

Auf dem **Campo S. Maria Formosa**, inmitten von Obstständen, im Markisenschatten kleiner Cafés und Läden, lassen sich spielend halbe Tage verbringen. Der traditionsreiche Platz, auf zwei Seiten von Kanälen begrenzt, ist bezaubernd, voller Leben und trotz seiner Größe in gewisser Weise kleinstädtisch. Einen Streifzug durch die Architekturgeschichte vermitteln die rahmenden Stadthäuser. Veneto-byzantinisch ist der Stil des **Palazzo Vitturi**, spätgotisch jener des **Palazzo Donà** – beide an der Nordostseite des Platzes –, aus der Renaissance stammt der schöne **Palazzo Malipiero-Trevisan** (Südseite), aus dem späten 16. Jh. der **Palazzo Priuli-Ruzzini** (Westseite).

Die Legende erzählt, die Gottesmutter sei dem Bischof von Oderzo in Gestalt einer fülligen Matrone (venez. formosa = dicklich) erschienen und habe ihm die Errichtung einer Kirche an dieser Stelle

Abendlicher Zauber liegt über dem stillen Rio di S. Maria Formosa

Kraftvoll und dynamisch: in dieser Pose hoch zu Roß hätte sich Bartolomeo Colleoni, kriegerischer Condottiere in venezianischen Diensten, sicher auch gefallen

aufgetragen. Tatsächlich reicht der Ursprung von **S. Maria Formosa** bis in die Tage der ersten Dogenwahl im 7. Jh. zurück. Dieser frühe Bau wich im 11. Jh. einer Kreuzkuppelkirche. Gegen Ende des 15. Jh. entstand nach Plänen von Mauro Codussi die heutige Basilika. Ihre *Hauptfassade* mit einem Epitaph für den 1541 gestorbenen Admiral Vincenzo Cappello wendet sich dem Rio di S. Formosa zu. Die dem Campo zugekehrte *Schauseite* des Querhauses, über die der barocke, unruhig gemusterte und seltsam bekrönte *Campanile* hoch aufragt, wurde 1604 gestaltet.

Der in Weiß und Grau gehaltene *Innenraum*, hallenartig, mit schlanken Pfeilern und der Vierungskuppel, wirkt angenehm großzügig. Zu den sehenswertesten Kunstwerken gehört ein 1473 datiertes und von Bartolomeo Vivarini signiertes Marientriptychon (1. Seitenaltar rechts) im Stil der ausklingenden Gotik und ein Barbara-Altar mit einem sechsteiligen Retabel von Palma Vecchio, das die Zunft der Geschützgießer (Scuola dei Bombardieri) 1501 in Auftrag gegeben hatte.

79 Calle del Paradiso

Ein fotogenes Paradiesgäßchen.

Venezianer der ersten Stunde bauten am Wasser. Erst langsam gingen sie daran, ihre Inseln durch Brücken zu verbinden, Wohnraum für eine wachsende Bevölkerung und trockene Fußwege zu schaffen. Die **Calle del Paradiso** (Paradiesgasse), schluchtenartig und intim, am Gassengrund beschattet durch die charakteristischen ›barbacani‹, Balkenkonstruktionen, auf denen die vorgezogenen oberen Stockwerke der Häuser ruhen, entstand im Zuge einer solchen Maßnahme. Ein Juwel ist der zarte gotische Dreiecksgiebel mit den Wappen der Mocenigo und Foscari, der den Eingang in das ›Paradies‹ so fotogen überwölbt.

Die Paradiesgasse verdankt ihren wohlklingenden Namen dem liebevoll arrangierten Karfreitagsschmuck früherer Tage. Ergänzend zur Calle del Paradiso wurde der **Ponte del Paradiso** errichtet, dessen breite Brückenstufen noch heute unter den Handkarren zu seufzen scheinen.

80 Monumento Colleoni

Campo SS. Giovanni e Paolo

Ein Höhepunkt der italienischen Renaissanceskulptur.

Bartolomeo Colleoni (1400–75), Condottiere in venezianischen Diensten, Generalkapitän der Landstreitkräfte, reich, mächtig, arrogant und schwierig, setzte in postumer Verbundenheit die Serenissima Signoria als Erbin ein, mit der Auflage, ihm ein **Reiterdenkmal** vor der Basilica di San Marco zu errichten. Die Signoria, ebenso schlau wie ränkefreudig, nahm das Erbe an. Sie ließ das Denkmal vom Florentiner Andrea del Verrocchio (1481–88), einem Lehrer Leonardos, modellieren und vom Venezianer Alessandro Leopardi in Bronze gießen. Für die Piazza San Marco war das Standbild indes nie vorgesehen. Man stellte es vor die Scuola Grande di San Marco auf den Campo SS. Giovanni e Paolo und lächelte sich ob des schlauen Schachzugs ins Fäustchen.

Tatsache ist, daß dieses Reiterdenkmal – neben Donatellos berühmtem ›Gattamelata‹ in Padua das einzige erhalten gebliebene Standbild dieser Art aus dem Quattrocento – auf dem Campo einen großen Auftritt hat. Roß und Reiter wirken dynamisch, kraftvoll und stolz. Nach anfänglicher Enttäuschung wäre wohl auch der Condottiere zufrieden gewesen.

81 SS. Giovanni e Paolo (Zanipolo)

Campo SS. Giovanni e Paolo

Die Grablege für 27 Dogen wird von den Venezianern zärtlich und silbenverschluckend ›Zanipolo‹ genannt.

Trotz ihrer gewaltigen Dimensionen wirkt die gotische Kirche von außen bescheiden, dem Armutsideal des Dominikanerordens entsprechend. Ihre Baugeschichte, beginnend im 13. Jh. nach der Grundschenkung durch den Dogen Jacopo Tiepolo (1234), ist lückenhaft und ungesichert. In der unvollendet gebliebenen **Fassade** aus Backstein, deren ältester Teil aus dem 13. Jh. stammt, trumpft nur die *Portalarchitektur* (1458–60) mit griechischen Marmorsäulen und byzantinischen Reliefarbeiten mächtig auf.

Der gotische **Innenraum**, im fünfjochigen Langhaus hochstrebend, mit Querschiff und vier Chorkapellen, gewann durch die Entfernung der einstigen Chorschranke eine fließende Raumfülle. Holzbalken, die, oberhalb der Kapitelle verankert, das gesamte Innere durchziehen, bieten nicht nur dem Auge Halt.

Ein Rundgang sollte folgerichtig im rechten Seitenschiff beginnen. Die Kirche, die größte Venedigs, Herberge für 27 **Dogengräber**, dokumentiert die Entwicklung vom einfachen Sarkophagkasten über das aufwendige Renaissance-

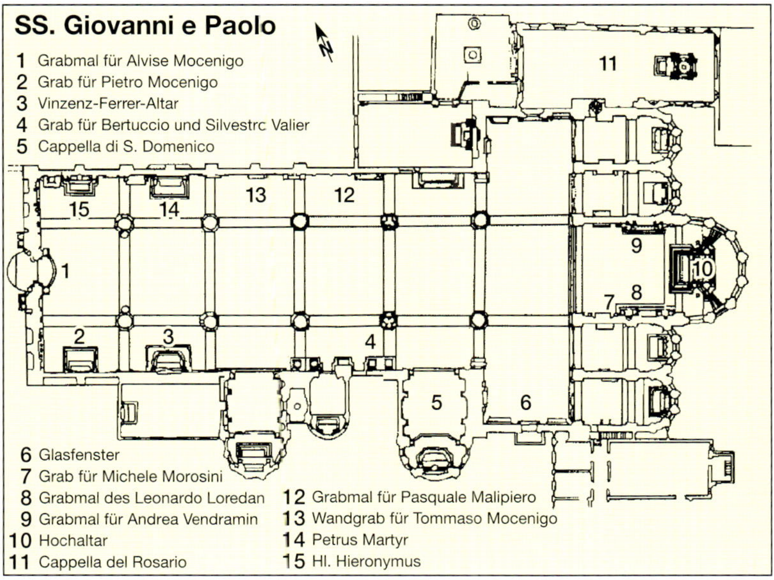

Dicht nebeneinander liegen die Dogengräber – rechts das Grabmal für Tommaso Mocenigo – in der Bettelordenkirche der Dominikaner SS. Giovanni e Paolo

grab bis zum barocken Kolossalgrab. Gegen die barocke Opulenz des **Grabmals für Alvise Mocenigo** [1] an der Fassadeninnenwand wirkt das **Grab für Pietro Mocenigo** [2] ernst und würdevoll. Pietro Lombardo gab hier im Stil der Renaissance eine neue Richtung vor: Sein Doge ist keine Liegefigur mehr, sondern stehend dargestellt in der Triumphpose eines Helden, begleitet von Nischenfiguren im Habit römischer Krieger.

Nicht mit Sicherheit Giovanni Bellini zugeschrieben werden kann der ›**Vinzenz-Ferrer-Altar**‹ [3], ein mehrteiliges Tafelbild aus der Frührenaissance im originalen Rahmen im 2. Joch der rechten Seitenschiffwand. Das von Andrea Tirali geschaffene, allzu pompöse barocke **Grab für Bertuccio und Silvestro Valier** [4] (1694–1700) in der Cappella della Madonna della Pace ist das letzte monumentale Dogengrab Venedigs, ein trotziges Aufwallen von Prunksucht im Niedergang der Republik. Die **Cappella di S. Domenico** [5] besitzt mit dem suggestiven Deckenbild ›Glorie des hl. Dominikus‹ (1727) von Giovanni Battista Piazzetta ein herausragendes Werk des venezianischen Rokoko.

Aus Murano stammt das spätgotische **Glasfenster** [6] im rechten Querhaus mit seinen leuchtenden, im Stil der Renaissance nach Kartons von Bartolomeo Vivarini und Gerolamo Mocetto gearbeiteten Figuren. Das Altarbild ›Almosenspende des hl. Antonius Pierozzi‹ rechts unterhalb des Fensters malte Lorenzo Lotto 1542.

In der *mittleren Chorkapelle* steigern sich die Dogengrabmäler vom veneto-byzantinischen **Grabkasten für Michele Morosini** [7] († 1382) über die kolossale Säulenarchitektur am **Grabmal des Leonardo Loredan** [8] († 1521), dessen Statue von Gerolamo Campagna ihn als Friedensstifter zeigt, bis zum berühmtesten aller Dogengräber, einem Meisterwerk der venezianischen Renaissance, dem **Grabmal für Andrea Vendramin** [9] († 1478), das Tullio Lombardo gestaltete.

Der **Hochaltar** [10] wurde von Baldassare Longhena in einem Anflug von Pathos als Monumentalarchitektur konzipiert. Das durch die Chorfenster einflutende Licht verleiht ihm eine erstaunliche Plastizität.

Tizian, Tintoretto und Palma Giovane malten die ursprüngliche prachtvolle Ausstattung für die **Cappella del Rosario** [11] im Anschluß an den linken Querschiffarm. Die Votivkapelle zur Erinnerung an den Seesieg von Lepanto 1571 brannte 1867 aus, die durch Feuer zerstörten Meisterwerke wurden durch Dekkengemälde von Paolo Veronese ersetzt.

Herausragend im *linken Seitenschiff* sind zwei Dogengräber aus dem 15. Jh.: Das **Grabmal für Pasquale Malipiero** **[12]** skulptierte Pietro Lombardo 1476–81 überaus reich, das andere, ein **Wandgrab für Tommaso Mocenigo** **[13]**, 1423 von toskanischen Meistern gearbeitet, zeigt bereits den Übergang von der Spätgotik zur Renaissance.

Der linken Seitenschiffwand folgend, erfordern die barocke Kopie von Tizians **›Petrus Martyr‹** **[14]** (Original in der Cappella del Rosario verbrannt) auf dem 2. Altar und, zuletzt, Alessandro Vittorias **›Hl. Hieronymus‹** **[15]** (um 1576), ein Meisterwerk venezianischer Bildhauerkunst, Aufmerksamkeit.

82 Scuola Grande di San Marco

Campo SS. Giovanni e Paolo

Eine der schönsten Fassaden der venezianischen Frührenaissance.

Venezianische Vedutenmaler wie Canaletto, sein Neffe Bernardo Bellotto und Francesco Guardi waren von der Opulenz des vom Rio dei Mendicanti, der Scuola Grande di San Marco und San Zanipolo [Nr. 81] gerahmten **Campo SS. Giovanni e Paolo** begeistert. Ihre weitgehend detailgetreuen Bilder – im Mittelpunkt meist die anmutige Fassade des Scuolengebäudes – hängen heute in der Gemäldegalerie Dresden, in der Accademia [Nr. 45] und im Pariser Louvre.

Die **Scuola Grande di San Marco**, die wichtigste, 1260 gegründete Institution der bürgerlichen Markusverehrung in Venedig, suchte mit ihrem lokalen karitativen Programm einen Kontrapunkt zur militant-aggressiven Außenpolitik der Republik unter dem Banner des Heiligen zu setzen.

Pietro Lombardo und später Mauro Codussi gaben dem 1485–95 erneuerten Zunftgebäude ein überaus anmutiges Ambiente im Stil der Renaissance. Die asymmetrische, von Rundgiebeln gekrönte *Fassade*, auf der Markus- und Markuslöwenporträts allzu üppig verteilt sind, wurde von Tullio Lombardo reich mit polychromen Marmorinkrustationen und perspektivischen Reliefdarstellungen dekoriert. Die äußere Gestaltung entspricht der *inneren Aufteilung* des Gebäudes: links die große Erdgeschoßhalle und im 1. Stock der einst reich mit Gemälden Tintorettos ausgestattete Bruderschaftssaal, rechts die Cappella della Pace und darüber der Albergo. Beide Trakte sind durch einheitliche Gesimse miteinander verbunden. Die heutige Nutzung der Scuola und angrenzender Gebäude als städtisches Krankenhaus erlaubt nur eine eingeschränkte Besichtigung.

Goldschmiede und Seidenhändler ließen die Scuola Grande di San Marco errichten

Ein Juwel der Frührenaissance ist die Kirche S. Maria dei Miracoli

83 S. Maria dei Miracoli

Campo dei Miracoli

Marmorschrein für ein wundertätiges Marienbild aus dem 15. Jh.

Venedig, die Stadt im Wasser, Venedig, das seine Natur durch Bauen überlistet hat. Wie augenfällig wird das doch, wenn man vom Campo SS. Giovanni e Paolo durch die Calle Giacinto Gallina über drei Brücken zum kleinen Campo dei Miracoli wandert. Wie eine Arche scheint die Kirche im Rio dei Miracoli zu schwimmen. Sie ist das **Hauptwerk** des *Pietro Lombardo* (1481–89) und zugleich der erste Renaissancebau in Venedig. Gewohnte Kategorien versagen hier: Der Bau ist langgestreckt, frei stehend, die Chorpartie überkuppelt. Seine **Fassade** ist von Pilastern gegliedert, mit verschiedenfarbigem Marmor geschmückt und steigt über einem dekorativen Arkadengeschoß zum reich verzierten Segmentgiebel auf.

Marmor verkleidet auch den saalartigen **Innenraum**, der von einer hölzernen *Kassettendecke* mit 50 eingefügten Propheten- und Patriarchenbildern (16. Jh.) überwölbt wird. Der Marmor, teilweise von Mitarbeitern der Lombardo-Werkstatt exzellent skulptiert und vielfarbig verarbeitet, ließ eine Gemäldeausstattung der Wände nicht zu. Blickfang jenseits der Halbfiguren von Tullio Lombardo auf den Chorschranken und des mit zarten Reliefs überzogenen Chorbogens ist das als wundertätig verehrte *Gnadenbild* hoch oben auf dem Altar, eine durch Zufall 1477 in einem alten Haus gefundene Marienikone.

Der Marmor, dem das raffiniert gefilterte Licht einen Seidenglanz verleiht, bedeutet nicht nur Schönheit, sondern auch Ruin. Denn er läßt die Mauern nicht atmen, die Feuchtigkeit steigt zwischen den Platten auf und verursacht große Schäden. Diese immer wieder gefährdete Kirche muß häufig aufwendig restauriert werden.

84 San Lazzaro dei Mendicanti

Fondamenta dei Mendicanti
Vaporetto Ospedale Civile

Beeindruckendes Grabmal für Alvise Mocenigo in der einstigen Hospizkirche.

Die dem Rio dei Mendicanti zugewandte **Fassade** der einst zum Armenhospiz gehörenden Kirche wurde 1673 nach einem Entwurf Giuseppe Sardis ausgeführt. Im Durchgangsraum zum **Inneren** des heute geschlossenen Gotteshauses, das der Palladio-Schüler Vincenzo Scamozzi 1601–31 gestaltete, brilliert das theatralisch-barocke *Grabmal für Prokurator Alvise Mocenigo*, der 1654 im Kampf gegen die Türken fiel. Im Vergleich zur monumentalen Grabwand wirken Juste Le Courts (1627–79) Frühwerke, die allegorischen Figuren der Fortezza und Justitia, erstaunlich zart.

Kontrapunkte zu dieser gewaltigen Grabanlage bilden die *Altarblätter* ›Christus am Kreuz‹ von Paolo Veronese (1. Altar rechts), die ›Hl. Ursula‹ von Jacopo Tintoretto (2. Altar links) und die ›Hl. Helena‹ (1. Altar links) von Guercino (eigentl. Giovanni Francesco Barbieri, 1591–1666), dem Hauptmeister der Bologneser Schule des 17. Jh., dessen Werke in Venedig sonst kaum vertreten sind.

Von der nahen **Fondamenta Nuove** hat man einen wunderschönen Blick auf die Lagune und die Friedhofsinsel San Michele.

Vom Campo dei Gesuiti zum Campo di Ghetto Nuovo – Treiben im Fluß der Zeit

Cannaregio im Norden der Stadt ist ein Sestiere, der sich nicht in Szene setzt, vor allem Händler und Handwerker wohnen hier, viele Häuser sind brüchig, die Torbögen windschief, viele Kanäle breit und schnurgerade angelegt, wenig romantisch für Gondelfahrten. Alles Sehenswerte ist weit verstreut, die Gassen ähneln einander so sehr, daß man sich leicht verirrt.

Dennoch lohnt ein Spaziergang durch dieses Stadtsechstel, es gilt seine Mischung aus dem blendenden Barock der ›**Gesuiti**‹ und der Schlichtheit der **Casa di Tiziano**, der orientalischen Atmosphäre des **Campo dei Mori** und der Verlassenheit der versteckten Kirche **Madonna dell'Orto** auf sich wirken und in der Melancholie des **Ghettos** ausklingen zu lassen.

85 Casa di Tiziano

Campo di Tiziano
Vaporetto Fondamenta Nuove

Ein Wohnhaus des Malerfürsten.

Wenige Schritte von der Fondamenta Nuove entfernt steht ein unscheinbares Haus aus dem 16. Jh., inzwischen längt auf Alter und Brüchigkeit reduziert. Eine Gedenktafel besagt, Tiziano Vecellio sei hier am 27. August 1576 an den Folgen der Pest verstorben.

Der Maler **Tizian**, legendenumwoben, wahrscheinlich 1490 geboren, von Kaiser Karl V. mit dem Wappen ›Ritter vom Hl. Römischen Reich‹, vom Papst mit dem Titel ›Ritter vom Goldenen Sporn‹ ausgezeichnet, besaß mehrere

Abseits des großen Trubels: am Rio di San Girolamo im Sestiere Cannaregio scheint die Zeit stehengeblieben zu sein

Ein Unermüdlicher

1548 begründete **Jacopo Tintoretto** *mit dem Gemäldezyklus* **›Wunder des hl. Markus‹** *(Accademia) seine immer wieder von Eifersucht und Abneigung Tizians beeinflußte, dennoch große Karriere. Der bescheidene, seit 1550 mit* **Faustina** *verheiratete Familienmensch, Vater von sieben Kindern, strebte nicht nach materiellen Gütern. Von Kirchen oder karitativen Bruderschaften verlangte er oft nur den Selbstkostenpreis für seine Werke. Kaum ein Maler war so fleißig wie er, so getrieben. Bis 1576 flossen die öffentlichen Aufträge nur spärlich. Erst nach dem Tod Tizians entsann man sich der Meisterschaft Tintorettos. Allein die Gemälde für die* **Scuola Grande di San Rocco** *[Nr. 94] hätten sein Leben mit Arbeit ausgefüllt. Aber er war ein Unermüdlicher. Der Hauptmeister des venezianischen Manierismus, am Übergang vom Renaissance- zum Barockstil, schuf darüber hinaus 350 Gemälde, viele großen Ausmaßes, deren bekannteste man im Palazzo Ducale (Sala dell' Anticollegio und Sala del Senato) findet. Als Krönung seiner Laufbahn darf das* **›Paradiso‹** *(1588–92), das größte Gemälde der Welt, in der Sala del Maggior Consiglio des Dogenpalastes angesehen werden. Es war mit 7 × 22 m so riesig, daß es jeweils in Teilstücken aus dem großen Saal der Scuola della Misericordia, wo Tintoretto vorwiegend malte, in den Dogenpalast gebracht, dort zusammengesetzt und an den Nahtstellen übermalt werden mußte. Sein letztes Werk, das* **›Abendmahl‹**, *in der Chiesa San Giorgio Maggiore, drückt noch einmal seine ganze Meisterschaft, Bewegtheit durch Licht und Schatten zu erzeugen, aus.*

Das ›Färberchen‹ starb 1594 in Armut, und seine Frau Faustina blieb mittellos zurück.

Häuser in Venedig. Nomadisch wechselte er seine Werkstätten, arbeitete manchmal in mehreren gleichzeitig.

Im Alter zwischen 18 und 20 Jahren kam Tizian von Pieve di Cadore, einer kleinen Ortschaft in den Dolomiten, in die Lagunenstadt, wurde Schüler Giovanni Bellinis, arbeitete mit Giorgione, avancierte zum Staatsmaler von San Marco, zum päpstlichen und kaiserlichen Hofmaler. Seine Arbeiten zählen zu den bedeutendsten Werken der **Hochrenaissance,** so die ›Assunta‹ und die ›Pesaro-Madonna‹ in der Frari-Kirche [Nr. 92], die ›Mariä Verkündigung‹ in San Salvatore [Nr. 61] und die Deckenbilder ›Szenen aus dem Alten Testament‹ in der Sakristei von S. Maria della Salute [Nr. 50]. Geniales Können mischt sich mit tiefer Religiosität in seinem letzten Gemälde, der für sein eigenes Grab in der Frari-Kirche bestimmten ›Pietà‹. Venedig erfüllte den Wunsch nicht, die Pietà zählt heute zu den Höhepunkten in den Gallerie dell'Accademia [Nr. 45].

86 S. Maria Assunta dei Gesuiti

Campo dei Gesuiti
Vaporetto Fondamenta Nuove

Barocker Luxus in Weiß und Gold.

Barockkirchen sind eher selten in Venedig. Um so überraschender die reich von Giovanni Battista Fattoretto gestaltete **Fassade** von I Gesuiti: barock, sehr pathetisch mit römischen Zügen, ins Kolossale gesteigerte Säulen, die Statuen aus der Hand Giuseppe Torrettos von seltener Größe.

Den römischen Vorgaben für alle Jesuitenkirchen – einschiffig, geräumig, prunkvoll, hell, als dominante Farbe Weiß mit Goldakzenten – entspricht der von Domenico Rossi um 1730 ausgestattete **Innenraum**. Er besticht durch seine elegant-dekorative grün-weiße Marmorverkleidung, wirkt aber durch die Vielzahl von Wandinkrustationen, Säulen, Pilastern und Stukkaturen eher unruhig. Der barocke *Hochaltar* von Giuseppe Pozzo nimmt mit seinen vielgedrehten Marmorsäulen die übersteigerte Bewegtheit auf.

Herausragend ist *Tizians* ›Martyrium des hl. Laurentius‹ (um 1558) in der 1. Kapelle links, ein Alterswerk zum Gedenken an einen Freund gemalt. Die Geschehnisse bleiben dunkel verhüllt, ein göttlicher Lichtstrahl hebt nur den Heiligen hervor. Die Magie von Licht und Farbe erzeugt überirdische Effekte. Dieses Bild gilt als richtungweisend für die Martyriumsdarstellungen im Barock.

Eine ›Assunta‹ (1518) *Tintorettos* auf dem Marienaltar im linken Querschiff bringt die Lösung von der Erde und das Himmelwärtsstreben der Muttergottes bewegt ins Bild.

Schräg gegenüber der Kirchenfassade blieb der **Oratorio dei Crociferi** (= Kreuzträger) als Rest eines alten Konvents aus dem 16. Jh. mit gelungenen Darstellungen Palma Giovanes aus der Geschichte des Ordens erhalten.

87 Palazzo Mastelli

Campo dei Mori

Eine Nase als Beschwerde-Briefkasten.

Ein antiker Altar und ein schwerbeladenes Dromedar schmücken die ungewöhnliche Fassade des behäbigen **Palazzo**, dessen Architekturstil zwischen Spätgotik und Frührenaissance angesiedelt ist. Er gilt als Nachfolgebau eines älteren Palasts, den die levantinischen Gewürzhändlerbrüder *Mastelli*, die 1112 aus Morea nach Venedig geflohen waren, hier hatten errichten lassen.

Die turbantragenden ›steinernen Männer‹ aus dem frühen 14. Jh., denen der **Campo dei Mori** seinen Namen verdankt, stammen möglicherweise von dem verschwundenen *Fondaco degli Arabi*, der einmal auf diesem Platz stand. Ungesicherten Angaben zufolge stellen die *Skulpturen* die Brüder Rioba, Sandi und Alfani Mastelli dar. Ihre Kopfbedeckungen sind eine Zugabe aus späterer Zeit. Das Volk hatte sich der langen steinernen, inzwischen eisernen Nase schnell angenommen. Man verwendete sie als Briefkasten, indem man Satiren, Spottverse, Epigramme, Beschwerden und Verleumdungen an ihr befestigte.

Wenige Schritte vom Campo dei Mori entfernt steht die **Casa di Tintoretto** an der Fondamenta dei Mori. Eine Gedenktafel an dem teilweise desolaten Backsteinbau weist Tintoretto (eigentl. Jacopo Robusti, 1518–94) als Bewohner aus.

88 Madonna dell'Orto

Fondamenta della Madonna dell'Orto

Vaporetto Madonna dell'Orto

Grabkirche Tintorettos.

Als die Kirche gebaut wurde, weihte man sie Christophorus. Als ein Muttergottesbild im nahen Garten (= orto) gefunden wurde, führte dies 1420 zur Umbenennung, und der Heilige blieb nur als Figur über dem Portal erhalten.

Keine Frage, die spätgotische **Fassade** ist ein Juwel. Backsteinrot, mit weißem, wie Spitze wirkendem Zierat, einer schön gearbeiteten Verkündigungsgruppe über

Der Mann mit der eisernen Nase schmückt die Ecke des Palazzo Mastelli

Madonna dell' Orto – in Tintorettos ›Tempelgang Mariä‹ (um 1552) wird die Dramatik der Ereignisse durch den Wechsel von Licht und Schatten gesteigert

dem Portal und bekrönenden Tabernakeln, zeigt sie an den Seitenteilen eine subtil aufgesetzte Galerie mit zwölf Apostelstatuen aus der Werkstatt von Paolo und Pierpaolo Dalle Massegne.

Im **Innenraum** der dreischiffigen Säulenbasilika, der hell und weit erscheint, macht sich ehrfürchtige Stille breit. Bei einem Rundgang eröffnet das Altarblatt ›Johannes der Täufer mit Heiligen‹ (1. Seitenaltar rechts) von *Cima da Conegliano* (1459–1517) den Bilderreigen und leitet zu den großformatigen Gemälden *Tintorettos* über: Im rechten Seitenschiff, über dem Eingang zur Markuskapelle, sein berühmter ›Tempelgang Mariä‹ (um 1552). Den Chorraum schmücken die dramatisch bewegten Frühwerke ›Anbetung des Goldenen Kalbes‹, ›Jüngstes Gericht‹, die Apsisrundung ›Die Vision des hl. Petrus‹ und ›Martyrium des hl. Christophorus‹. Unweit seiner Bilder, in der rechten Chorkapelle, liegt Tintoretto begraben. Zu seinen Spätwerken zählt das Altarbild ›Die hl. Agnes erweckt den Sohn des römischen Präfekten‹ in der Cappella Contarini im linken Seitenschiff.

89 S. Alvise

Campo S. Alvise
Vaporetto S. Alvise

Drei Gemälde von Tiepolo.

Abseits, ruhig, ganz im Norden der Stadt, von einem Nonnenkloster betreut, liegt die 1388 geweihte, zuletzt im 17. Jh. veränderte, einst gotische Kirche für den hl. Ludwig (venez. Alvise) von Anjou. Aus ihrer Frühzeit hat sich im schlichten **Inneren** noch die hölzerne *Nonnenempore* (*barco*) erhalten. Über ihr eine im Stil des Illusionismus bemalte *Flachdecke*, in deren Scheinarchitektur sich Vögel tummeln und Pflanzen ranken. Es ist ein ergötzliches Paradiesbild, das nicht prunken, nur erheitern und erfreuen will und wegen seiner Beschädigungen doch bekümmert.

Dann wieder die Flucht zur Kunst von europäischem Rang: *Giambattista Tiepolo* (1696–1770), das letzte große Genie des venezianischen Spätbarock, malte mit knapp 20 Jahren die Passionsszenen ›Dornenkrönung‹ und ›Geißelung‹ an der rechten Wand. Die ›Kreuztragung‹ im Chor, hochdramatisch und flammend, stammt aus seiner Reifezeit.

Eine andere Seite von Venedig zeigt der Campo di Ghetto Nuovo

90 Ghetto

Campo di Ghetto Nuovo

Melancholie und Resignation prägen die Erinnerung an das jüdische Venedig.

Hohe Häuser, bröckelndes Mauerwerk, rotbraune Ziegelwände, Verfall, menschenleere Gassen: abklingendes Leben wie in so vielen Randbezirken der Stadt. Nur wenig – eine Bäckerei, die ungesäuerte Brote backt, zwei Bronzereliefs als Mahnmale, ein erleuchteter Davidsstern – deutet darauf hin, daß hier einst die Stadtgeschichte Venedigs mitbestimmt wurde. Heute leben nur mehr ein paar Dutzend Juden im ehem. Ghetto.

Kleine jüdische Gemeinden hatten sich bereits im 11. und 12. Jh. auf der Insel ›Spinalunga‹ – später nach ihnen Giudecca (giudei = Juden) genannt – niedergelassen. 1290 gewährte ihnen Venedig zwar die ›condotta‹, das Wohnrecht, doch ohne Bürgerrechte, mit Sondersteuern belegt, waren sie der Willkür der Serenissima ausgeliefert. Ein eigenes Viertel wurde ihnen zugewiesen, eine ungesunde, von Kanälen umgebene Insel im Sestiere Cannaregio, wo früher Kanonen gegossen wurden: das **Ghetto Nuovo** (ghetto = Gießerei). Ghetto hießen fortan europaweit all jene Stadtteile, in denen Juden abgeschlossen und unter Aufsicht leben mußten. Die steigende Bewohnerzahl in dem zugewiesenen Triangel machte 1541 eine Erweiterung durch das **Ghetto Vecchio** und 1633 um das **Ghetto Nuovissimo** notwendig. Tore schlossen diesen Bereich gegen das christliche Venedig ab, nachts patrouillierten christliche Wächter in christlichen Wachbooten.

Umsicht und Emsigkeit, finanzielle Aktivitäten, Schlauheit und Kühnheit machten viele Ghettobewohner reich, manche einflußreich. Sie türmten ihre Häuser aus Platzmangel acht Stockwerke hoch, gründeten Banken, die man, je nach Farbe der Schuldscheine, ›rote‹, ›grüne‹ oder ›gelbe‹ Bank nannte.

Geistige Zentren des Ghettos waren die in den hohen Häusern untergebrachten **Synagogen**, von denen noch fünf existieren und besichtigt werden können. 1528 entstand die *Schola Grande Tedesca* am Campo di Ghetto Nuovo, im Viertel der askenazischen Bankiers, mit ihrer prächtigen elliptischen Kuppelgalerie, die sich noch heute in gutem Zustand befindet. Die besonders edel ausgestattete *Schola Levantina* mit Schnitzarbeiten von Andrea Brustolon stammt aus dem Jahr 1538, die *Spagnola*, 1555 entstanden, wurde später von Baldassare Longhena zur größten Synagoge Venedigs ausgebaut. Überall prachtvoll eingelegte Kassettendecken, wunderschöne Schnitzereien, viel Samtrot, Silber, edle Leuchter.

Auch im **Museo Comunità Ebraica** am Campo di Ghetto Nuovo findet man erlesene Exponate: silbernes Kultgerät, kostbare Stoffe und Stickereien, Kronen von Thorarollen, glänzende Leuchter und Lampen.

Öffnungszeiten siehe S. 133

San Polo – Wege zur Kunst großer Meister

San Polo am rechten Ufer des Canal Grande, Venedigs kleinstes Stadtsechstel, ist ursprünglicher, dem Alltagsleben näher, unbequemer, anachronistischer als das kosmopolitische San Marco. Hinter der schimmernden Palastzeile am Canal Grande verfällt dieser Sestiere scheinbar in Agonie, aber die altersschwarzen Gassen, deren Häuser sich über dunklen Kanälen einander zuneigen, verbergen kunsthistorische Höhepunkte. In der gotischen Klosterkirche **S. Maria Gloriosa dei Frari** ragt Tizians ›Assunta‹ aus der Menge der Schätze heraus. Die **Scuola Grande di San Rocco** wurde durch Tintorettos Gemälde weltberühmt. Der **Campo San Polo** besitzt eine Rahmung von Palästen, die ihm ein Bühnendekor geben.

91 Ca' Goldoni (Palazzo Rizzo-Centani)

Calle dei Nomboli
Vaporetto San Tomà

Geburtshaus des bedeutendsten italienischen Komödiendichters, Carlo Goldoni.

Der spätgotische **Palazzo** mit seinem stimmungsvollen Innenhof, einem alten Brunnen mit skulptierten Löwenköpfen und einer stilvollen Außentreppe beherbergt heute eine *Theaterwissenschaftliche Bibliothek* und ein *Erinnerungszimmer an Carlo Goldoni*, der hier geboren wurde.

Goldoni (1707–93), Venezianer, Jurist, Stückeschreiber, wegen einer 1730 veröffentlichten Satire auf die Frauen von Pavia viel kritisiert, ein Kind des beschwingten Rokoko, das im venezianischen Weltuntergang endete, reformierte die Commedia dell'Arte mit ihren improvisierten derben Texten, die ihm zu wenig Tiefgang hatten. Goldonis **Komödien**, im venezianischen Dialekt geschrieben, waren wirklichkeitsnäher, psychologisch fundierter, sie waren graziös und beschwingt, Humor trat an die Stelle deftiger Späße. Venedig und die Venezianer, Schilderungen ihrer Leichtlebigkeit und ihres Alltags, getragen von den beliebten Traditionsfiguren Arlecchino, Brighella, Pantalone, Dottore oder Pulcinella waren seine Themen. Als Hausdichter für die Theater S. Angelo

Auf den Einsatz wartender Gondoliere genießt Sonne, Muße und eine Zigarette

S. Maria Gloriosa dei Frari: Grablege zahlreicher Dogen

und San Luca verfaßte er über 150 Stücke. Seine bekanntesten sind ›Der Diener zweier Herren‹ (Il Servitore de due padroni) und ›Viel Lärm in Chiozza‹ (Le baruffe Chiozzote).

Kollegenstreit und Theaterfehden mit seinem erbittertsten Konkurrenten Carlo Gozzi vertrieben ihn 1762 aus Venedig. Verarmt starb Goldoni in Paris.

TOP TIP 92 S. Maria Gloriosa dei Frari

Campo dei Frari
Vaporetto San Tomà

Als Dogengrablege ein Pantheon der venezianischen Geschichte. Die Gemälde von Tizian und Bellini sind weltberühmt.

Doge Jacopo Tiepolo stiftete den beiden großen Bettelorden der Dominikaner und Franziskaner Grund für Kirchen und Klöster in Venedig. Rivalität wurde die Triebfeder für die bewegte **Baugeschichte** von ›I Frari‹ (venez. frari = Brüder). Zwischen 1205 und 1340 hatten die Franziskaner unter der Leitung des später seliggesprochenen Mönchs Pacifico, der in einem spätgotischen Grab im Querschiff rechts beigesetzt ist, ein ihrem Armutsideal entsprechendes bescheidenes Gotteshaus errichtet, das jedoch dem Orden nur für kurze Zeit genügte. Das Areal blieb ein Bauplatz, und 100 Jahre später war die erste Kirche vollständig abgebrochen worden, um einem stufenweisen Neubau Raum zu geben. Im **Wettstreit** mit der immer größer werdenden Chiesa SS. Giovanni e Paolo [Nr. 81] der Dominikaner entstand eine gewaltige dreischiffige, gewölbte Säulenbasilika, die erst 1443 mit der Errichtung des Langhauses vollendet wurde: spätgotisch, eindrucksvoll, außen jedoch, abgesehen von drei gotischen Tabernakeln, fast schmucklos, aber mit dem zweithöchsten **Campanile** der Stadt.

Der **Innenraum** wirkt vor allem durch sein unverputztes Mauerwerk hallenartig und streng, gewinnt jedoch durch die Fensterzonen im Chor eine beinahe magische, ganz auf den Altar ausgerichtete Lichtfülle. Optisch teilen aber die marmornen, fast 7 m hohen **Chorschranken** [**1**], deren Reliefarbeiten Bartolomeo Bon begann und Pietro Lombardo 1475 beendete, das Mittelschiff praktisch in zwei Teile, in Laienraum und in Mönchschor. Für Laien ergab sich nur durch den Bogen des Lettners der Blick auf *Tizians* berühmte ›Assunta‹ über dem Hochaltar.

Von der Innenseite des zentralen Hauptportals aus (Eingang durch ein Seitenportal) gewinnt man am besten eine erste Übersicht. Zwei Grabmonumente stören mehr als sie einstimmen: die weiße **Grabpyramide** [**2**] birgt das Herz des klassizistischen Bildhauers Antonio Canova (1757–1822), das **Tizian-Mausoleum** [**3**] auf der rechten Seite wurde 300 Jahre nach dem Tod des berühmten Malers von Canova-Schülern gestaltet. Die Reliefplatte, die ›Assunta‹ darstellend, ist ein Geschenk von Österreichs

Ein Meisterwerk venezianischer Bildhauerkunst: A. Vittorias ›Heiliger Hieronymus‹

Kaiser Ferdinand I., dem ›Gütigen‹. Die Geste versöhnt nicht: Tizians Wunsch, unter seiner Pietà begraben zu werden, hat sich nicht erfüllt [s. S. 61]. Seine Kunst schmückt dagegen einen Altar im linken Seitenschiff, das die Familie Pesaro ganz für sich beanspruchte. Tizians **›Pesaro-Madonna‹** [**4**] vereint erstmals in der Malerei Weltliches mit Himmlischem, Porträthaftes mit Eitlem: Petrus tritt als Mittler zwischen Jacopo Pesaro und der Gottesmutter auf. Das 1519–26 entstandene Bild, wunderschön und kurz nach der ›Assunta‹ gemalt, ist nur ein zarter Hinweis darauf, wie sich die Selbstgefälligkeit der immer auf Nachruhm bedachten Dogen weiterentwickeln sollte. So umgibt schier unglaublicher barocker Pomp das zweigeschossige **Grabmal des Dogen Giovanni Pesaro**, der doch nur etwas mehr als ein Jahr seines Amtes waltete. Baldassare Longhena soll es entworfen haben.

Gegenüber zeigt der aus Marmor geschlagene **›Hl. Hieronymus‹** [**5**] von Alessandro Vittoria (1525–1608) die große Ausdruckskraft des Sansovino-Schülers.

Der Blick wird jedoch fast magisch auf die Chorschranken gelenkt. Spätgotik klingt in den Prophetenreliefs von Bartolomeo Bon an, Frührenaissance bei den Kirchenvätern des Pietro Lombardo. Grandios rahmt der Mittelbogen Tizians gewaltige **›Assunta‹** [**6**] (1516–18) auf dem Hochaltar. Licht fällt durch die seitlichen Chorfenster ein, erhellt die Szene: Aus der stürmisch bewegten irdischen Unruhe schwebt die Madonna auf einer von Engeln getragenen Wolke in den Goldhimmel.

An der rechten Seitenwand der Hauptchorkapelle findet man das von Paolo und Antonio Bregno um 1460 gearbeitete **Grabmal für Francesco Foscari** [**7**],

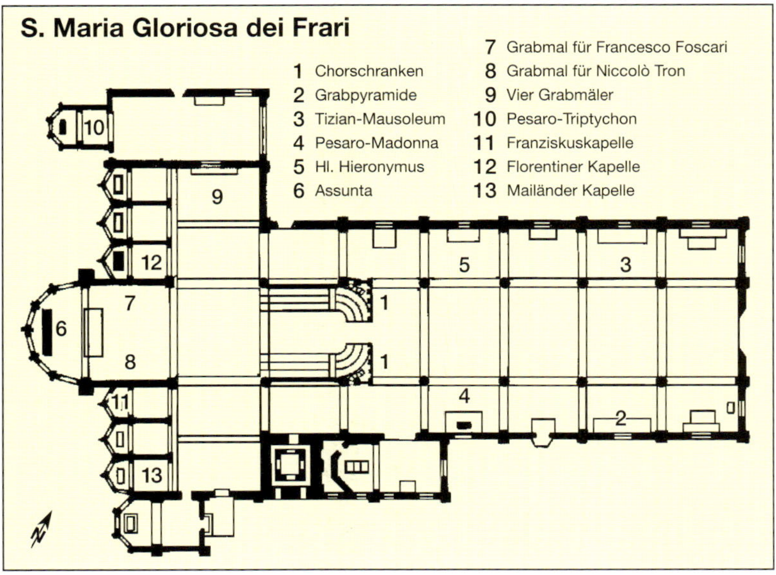

Die Himmelfahrt Mariens als Drama: Tizians wunderbare ›Assunta‹ in der Frari-Kirche

den man trotz zum Teil glanzvoller Dogenjahre rüde absetzte und nach seinem Tod, zutiefst beschämt, im Rahmen einer prunkvollen Prozession hier bestattete. Das figurenreiche **Grabmal für Niccolò Tron [8]** gegenüber ist eine Arbeit Antonio Rizzos.

Vier Grabmäler [9] im rechten Querschiffarm, ein Reiterstandbild für Paolo Savelli von 1410, ein spätgotisches Grab für den Franziskanermönch und Kirchenarchitekten Pacifico, Pietro Lombardos Denkmal für General Jacopo Marcello und die Triumpharchitektur für Admiral Benedetto Pesaro, leiten zur Sakristei über. Das **Pesaro-Triptychon [10]** (1488) im Chor ist ein Meisterwerk Giovanni Bellinis. Seine Bildkomposition, die thronende Madonna unter einer vergoldeten Kuppelwölbung mit den Namenspatronen von Angehörigen der Familie Pesaro, strahlt vollendete Harmonie aus.

Von den sechs Chorkapellen sind vor allem drei erwähnenswert: die bescheidene, dem Franziskanermönch Maximilian Kolbe, der 1941 in Auschwitz für einen Mithäftling in den Tod ging, geweihte **Franziskuskapelle [11]**, die **Florentiner Kapelle [12]** mit Donatellos ungemein lebensnah wirkender Holzskulptur ›Johannes der Täufer‹ und die **Mailänder Kapelle [13]** mit der Grabplatte für den Komponisten Claudio Monteverdi (1567–1643).

Der **Kreuzgang** der Kirche rahmt einen Innenhof, dessen Zentrum Francesco Pensos Skulptur ›Tobiolus und der Engel‹ bildet. Im ehem. **Kloster** ist das *Archivio di Stato*, das Staatsarchiv, untergebracht.

93 San Rocco

Campo San Rocco

Kirche für den Pestheiligen Rochus.

Gegen Ende des 15. Jh. gab es keinen unmittelbaren Anlaß für den Kauf und die Überführung der Gebeine des Pestheiligen Rochus von Montpellier nach Venedig. Da die Seuchengefahr in der Serenissima jedoch immer latent vorhanden war, entstand 1489–1508 die dem Nothelfer geweihte Kirche (Patronatsfest am

16. August) nach Plänen von Bartolomeo Bon. Sie wurde 1750 erneuert, ihre **Fassade** 1765–77 von dem Massari-Schüler Bernardino Maccaruzzi der benachbarten Scuola Grande di San Rocco [Nr. 94] angeglichen. So entstand einer der edelsten und architektonisch geschlossensten Plätze Venedigs.

Das **Innere** der Kirche ist ganz dem Thema San Rocco gewidmet. Auf dem *Hochaltar*, der die Urne mit den Reliquien des Heiligen birgt, findet sich eine Rochusfigur aus der Gründungszeit von Bartolomeo Bon. An den Wänden hängen acht großformatige Bilder von *Jacopo Tintoretto*, die Geschichten aus der Vita des Kirchenpatrons illustrieren. Weitere Gemälde stammen von Sebastiano Ricci, Giuseppe Angeli und Pordenone.

94 Scuola Grande di San Rocco

Campo San Rocco
Vaporetto San Tomà

Tintorettos einzigartiges Vermächtnis.

Die würdevolle, reich gegliederte Fassade der Scuola entsprach dem Repräsentationsbedürfnis der sehr angesehenen und reichen Erzbruderschaft, die 1740 anerkannt wurde, wie durch ein Wunder Napoleons Zorn entging und heute noch existiert.

Bartolomeo Bon aus Bergamo und Sante Lombardo begannen den Bau 1515, Antonio Scarpagnino und Giangiacomo de Grigi setzten ihn ab 1527 fort.

Scuole – Frömmigkeit, Wohltätigkeit, Kunst

Ursprünglich aus den mittelalterlichen **Laienbruderschaften** *hervorgegangen, entwickelten sich die Scuole zu* **Zunftbruderschaften** *mit klar definierten beruflichen, karitativen und sozialen Zielen. Ihre Mitglieder formierten sich aus jeweils einer Berufssparte, einer gemeinsamen ethnischen Gruppe oder einer im Namen eines Schutzheiligen entstandenen* **›Schule der Devotion‹**. *Im Laufe der Jahrhunderte gab es in Venedig 64 Scuole mit einem Gastaldio an der Spitze, mit Prokuratoren, Schatzmeistern und Rechnungsprüfern. Die wohlhabendsten Scuole, unter ihnen 6 Scuole Grandi, beauftragten namhafte Architekten mit dem Bau ihrer Gebäude, meist nahe der ihrem Schutzheiligen geweihten Kirche. Berühmte Künstler schufen die Innenausstattung. Nach Auflösung der Scuole durch die* **Napoleonischen Dekrete** *von 1806 blieben nur drei Scuole unversehrt erhalten: die* **Scuola Grande di San Rocco** *mit ihrer überwältigenden Gemäldeausstattung von Jacopo Tintoretto, die* **Scuola di San Giorgio degli Schiavoni** *mit einem berühmten Bilderzyklus von Vittore Carpaccio und die* **Scuola Grande dei Carmini** *mit herausragenden Deckengemälden von Giambattista Tiepolo.*

In der Scuola Grande di San Rocco pflegte man während der Pestepidemien die Kranken

Top Tip

Weltberühmt wurde die Scuola durch die **Innenausstattung** ihrer drei Säle. *Jacopo Tintoretto* hatte den Auftrag zur Ausschmückung der Scuola mit einem kühnen Handstreich gewonnen: Während seine Malerkollegen noch eifrig Kartons und Entwürfe zeichneten, spannte er das fertige Gemälde nachts heimlich an die Decke der Sala dell'Albergo. Tizian hat ihm das nie verziehen!

Grandios ist der aus acht monumentalen Kompositionen bestehende Marienzyklus in der **Erdgeschoßhalle** (1583–87). Er beginnt virtuos mit einer turbulenten ›Verkündigung‹, steigert sich über die ›Anbetung der hl. drei Könige‹, die ›Flucht nach Ägypten‹ und den bedrückenden ›Kindermord von Bethlehem‹ bis zur ›Himmelfahrt Mariä‹.

Eine **Prunktreppe** führt hinauf in die **Sala Superiore** mit ihrer einzigartigen raumgreifenden Ikonographie: 21 zwischen 1575 und 1581 entstandene Gemälde Tintorettos zu alttestamentarischen Themen sind in den prächtigen Soffitto eingefügt. Im Mittelpunkt steht das ›Wunder der bronzenen Schlange‹, die mit einem Gewoge aus Menschenleibern ringt. Die beiden Tafeln ›Moses schlägt Wasser aus dem Felsen‹ und ›Mannalese‹ gelten als Metaphern für die Labung der Dürstenden und die Speisung der Hungernden.

13 Wandgemälde stellen im wesentlichen einen christologischen Zyklus dar: ›Geburt‹, ›Taufe‹, ›Letztes Abendmahl‹, ›Wunderbare Brotvermehrung‹, ›Versuchung‹ bis zur ›Himmelfahrt‹, die Christus in einem Wirbel von dunklen, feuergesäumten Nebelschleiern gen Himmel aufsteigen läßt. Unter den Gemälden der Fensterfront ragt das ›Abendmahl‹ durch die phantastische perspektivische Architekturdarstellung heraus, die dem Raum viel Tiefe gibt, und die allen traditionellen Kompositionsregeln widersprechende Schrägstellung des Tisches, an dem Christus den Vorsitz übernommen hat. Ein seltsamer Lichtschimmer erhöht die Plastizität der Figuren.

Die **Sala dell'Albergo** (Herbergssaal), 1564–47 ausgemalt, zeigt im Zentrum des Soffitto den ›Hl. Rochus in der Glorie‹, jenes Gemälde, mit dem Tintoretto die Ausschreibung für die Scuola gewann. Die rundum gruppierten Bilder haben die Jahreszeiten, die Tugenden der Bruderschaft, wie Güte und Wohltätigkeit, und die Allegorien der Scuole Grandi zum Thema. Die Großformate an den Wänden wie ›Aufstieg zum Kalvarienberg‹, ›Ecce Homo‹ und ›Kreuzigung‹ sind meisterhaft komponiert, von genialer Farbgebung und Lichtwirkung.

In der Sala Superiore und in der Sala dell'Albergo sieht man Gemälde von *Tizian* (sein ›Kreuztragender Christus‹ wurde einst als wundertätig verehrt), *Tiepolo*, *Giorgione* und *Tintoretto*.

Öffnungszeiten siehe S. 134

95 Scuola Grande di San Giovanni Evangelista

Campiello de la Scuola
Vaporetto San Tomà

Von Mauro Codussi und Pietro Lombardo, den zwei bedeutendsten Baumeistern der venezianischen Frührenaissance, entworfen.

Der Adler, das Wappentier des Evangelisten Johannes, auf dem Torbogen bewacht den stimmungsvollen, von Pietro Lombardo gestalteten Innenhof und das von Mauro Codussi entworfene Bauensemble der Scuola. Die ehemals eleganten Renaissancefassaden sind hier nur

Meisterhafte Komposition: Tintorettos ›Kreuzigung‹ in der Scuola Grande di San Rocco

Aus dem berühmten Carpaccio-Zyklus der Scuola di San Giovanni Evangelista stammt das Gemälde ›Heilung eines Besessenen‹ aus dem Jahr 1494 (heute Accademia)

mehr eine leere Hülle. 1261 wurde die mächtige Bruderschaft gegründet, deren wertvollster Besitz eine Reliquie vom Kreuz Christi war. Mit dem Auftrag, dieses Kleinod darzustellen, wurden zwei der bedeutendsten Malerpersönlichkeiten des ausgehenden 15. Jh. betraut. Teile aus dem ungemein eindrucksvollen **Gemäldezyklus** (1494–1501) wurden über alle anderen hinaus berühmt: *Vittore Carpaccios* mitten in das bewegte Treiben um die Rialtobrücke gestellte ›Wunder der Kreuzreliquie‹ und *Gentile Bellinis* ›Prozession der Bruderschaften auf dem Markusplatz‹. Die faszinierend detailreichen Arbeiten waren bis 1806 in der Scuola zu bestaunen, heute hängen sie in der Accademia [Nr. 45].

96 San Polo

Campo San Polo

Noch ein ›Abendmahl‹ Tintorettos.

Groß und weitläufig – so selten und so erstaunlich in Venedig: der **Campo San Polo**. Ein Platz wie eine Arena! Rauschende Karnevalsfeste, Theateraufführungen und grausame Stierhatzen fanden hier statt. Heute locken Sonnenschirme und Espressodüfte in die einfachen Cafés, Kinder spielen laut und fröhlich, Katzen räkeln sich, Handwerker zimmern Podien für Veranstaltungen, die nur im Karneval und in den Tagen der Filmfestspiele, wenn sich der Platz in ein Freilichtkino verwandelt, überregionalen Charakter bekommen. Buntes alltägliches Treiben brandet auch heute noch um den gotischen **Palazzo Soranzo**, den **Palazzo Corner-Mocenigo** und den versteckt am Rio della Madonnetta liegenden **Palazzo Albrizzi**. Vor all den schönen Palästen, die den Platz rahmen, schon im 9. Jh., war die **Kirche San Polo** da. Im 15. Jh. erneuert, erfuhr sie 1804, besonders im *Innenraum*, eine Umgestaltung nach neoklassizistischem Muster – ein massiver Eingriff, der das Gesamterscheinungsbild erheblich stört. Sehenswert sind dennoch *Tintorettos* ›Abendmahl‹ (1568/69) und die Altarblätter von *Veronese* und *Giambattista Tiepolo* in den Chorkapellen. An den Wänden der Sakristei hängt ein Kreuzwegzyklus (1748/49) von *Domenico Tiepolo.*

Dorsoduro – ein Sestiere mit Namen ›Harter Rücken‹

Kanäle wie Spiegel: weiße Wolken, schmalbrüstige Häuser, Kirchen ohne aufwendiges Szenarium. Dorsoduro zeigt hinter der Palastzeile am Südufer des Canal Grande ein abgeklärtes, gelassenes, kleinstädtisches Gesicht. Lange lag das Viertel abseits, es war eine ländliche Idylle mit wasserdurchzogenen Viehweiden, und die städtische Verbauung ging nur langsam voran. Viele Arbeiter siedelten sich hier an, wanderten aber ab, als die Festlandindustrie lockte, und in die verlassenen Wohnungen zogen Künstler, Intellektuelle, Wahlvenezianer und Handwerker. Das Ambiente ist gelassen, abgeklärt, familiär. Auf dem **Rio San Barnabá** fahren Gemüsekähne, aus einem gekappten Kirchturm wachsen Bäume, am **Rio San Trovaso** werden die letzten Gondeln gebaut, vor den Quais von **Zattere** drängen sich Passagierdampfer und Lastkähne. Der **Campo di S. Margherita** markiert die Grenze zwischen touristisch belebter Innenstadt und den verlassenen Randzonen in der Nähe des modernen Hochseehafens.

Auf einem Boot dahinschaukeln und die Seele baumeln lassen – dazu lädt der romantische Rio delle Torreselle geradezu ein

Alle Blicke nach oben auf G. Fumianis bewegendes Gemälde ›Geschichte des hl. Pantaleon‹

97 San Pantaleone

Campo San Pantaleone
Vaporetto San Tomà

Gianantonio Fumianis barockes ›teatrum sacrum‹ zu Ehren des Ärzteheiligen.

Man plante und entwarf eine **Fassade** aus Marmor. Das Geld reichte nicht. Nun wirkt der nackte Ziegelbau am Rio Foscari massig und erdschwer, kalt und streng. Überraschend schöne Kunstwerke erwarten den Besucher im **Inneren**: Gianantonio Fumiani malte an die *Decke* der barocken Saalkirche die ›Geschichte des hl. Pantaleon‹. Von 1680 bis 1704 arbeitete er an der effektvollen Inszenierung der ungefähr 40 zu einem monumentalen ›teatrum sacrum‹ aneinandergefügten Leinwandbilder, die vorwiegend in Gold- und Brauntönen gehalten, heute allerdings nachgedunkelt sind. Im Zentrum einer perspektivisch stark verkürzten Illusionsarchitektur steht die Aufnahme des hl. Pantaleon in den Himmel. Paolo Veronese hatte sich schon viel früher mit den Wundern des Schutzheiligen der Ärzte, der unter Diokletian der Christenverfolgung zum Opfer gefallen war, beschäftigt: In der *2. Kapelle rechts* hängt eines seiner letzten und besonders ausdrucksstarken Gemälde, ›Der hl. Pantaleon heilt einen Knaben‹. In der *Cappella del Sacro Chiudo*, links vom Chor, findet man eine ›Marienkrönung‹ von Antonio Vivarini und Giovanni d'Alemagna, den Begründern der Muraneser Malschule.

98 Campo di S. Margherita

Ein Stück buntes, turbulentes venezianisches Alltagsleben.

Der unregelmäßig geformte, längliche **Campo** ist ein Dorf in der Stadt. Inmitten von Cafés und kleinen Restaurants, Venedigs bester Eisdiele Causin, von Fisch-, Obst- und Eierhändlern, von Buch- und Antiquitätenläden findet das pralle Leben der Venezianer statt. Touristen sind hier nur Zaungäste. Die ehem. **Kirche S. Margherita** wurde in ein Wohnhaus verwandelt, ihr Turm wegen Einsturzgefahr gekappt, und weder die Skulpturen von Drache und Delphin im Sockel noch die steingemeißelten Schutzmantelmadonnen, die den Platz milde überblicken, konnten ihn vor der Verkürzung bewahren.

Vitamine im Überfluß: Gemüse- und Obststand auf dem Campo di S. Margherita

Blick in die Sala del Albergo der Scuola Grande dei Carmeni

99 Scuola Grande dei Carmini

Campo di S. Margherita

Wunderschöne Deckengemälde von Giambattista Tiepolo schmücken den Kapitelsaal.

Die Scuola Grande war eine *Erzbruderschaft*, die sich der Devotion widmete. Ihrer Euphorie im 17. Jh. verdankt sie den Barockbau, dessen beeindruckende Fassade den Campo di S. Margherita nach Südwesten abschließt, ihrer Blütezeit im 18. Jh. die Deckengemälde Tiepolos, ihrem Glück den Weiterbestand nach 1797.

Aus dem **Erdgeschoß** mit Ton-in-Ton-Malereien von Giovanni und Nicolò Rambini (1733–39) und der Marienkapelle mit einem Altarblatt von Sante Piatti führt ein mit üppigem Stuck dekoriertes Treppenhaus in den Oberstock. Das Kostbarste ist der festliche **Kapitelsaal**, dessen Decke die neun *Gemälde Tiepolos* schmücken. Nach langwierigen Restaurierungsarbeiten erstrahlen die lichten Farben und der opulente Barockhimmel nun wieder in vollem Glanz. Das zentrale Bild zeigt eine sehr stolze, sehr selbstbewußte Gottesmutter, die, aus einer Engelsgruppe aufsteigend, dem Seligen Simeon Stock erscheint. Ringsum sind Tugendpersonifikationen und Darstellungen aus der Vita des Seligen gruppiert.

Vom Kapitelsaal aus erreicht man die **Sala dell'Albergo** und die **Sala dell' Archivio** mit kostbaren Antependien und Gemälden von Giambattista Piazzetta und Alessandro Varotari.

Öffnungszeiten siehe S. 134

Scuola Grande dei Carmeni: Tintorettos großartige ›Darbringung im Tempel‹

100 S. Maria del Carmelo (I Carmini)

Campo dei Carmini

Stilmix aus Gotik und Renaissance.

Die Errichtung der einstigen Klosterkirche der Karmeliter zog sich über Jahrhunderte hin. Im 13. Jh. begonnen, gerieten Fertigstellung und Umbauten immer wieder in Bedrängnis. Nun mischen sich in die Gotik der ursprünglichen Basilika Stilelemente der Renaissance, der reich bewegte Statuenschmuck und die großformatigen Gemälde an den Wänden des Mittelschiffs nehmen die barocke Attitude vorweg.

Die beachtenswertesten Kunstwerke im **Inneren** finden sich zumeist auf den Altären in den Seitenschiffen. *Giovanni Battista Cimas* ›Anbetung des Christuskindes durch die Hirten‹ (2. Altar im rechten Seitenschiff) stellt eine gut herausgearbeitete, figurenreiche Bilderzählung in leuchtenden Farben und deutlicher Plastizität dar, die in die Heimatlandschaft des Künstlers (Conegliano) eingebunden ist. Das 1509 geschaffene Werk kontrastiert durch die detailgetreue Naturschilderung mit *Lorenzo Lottos* wenig später entstandener hervorragender Darstellung der ›Apotheose des hl. Nikolaus‹ (gegenüber im rechten Seitenschiff), auf dem die Landschaft nur eine untergeordnete Rolle spielt. Der 3. Seitenaltar rechts ist als Kapelle gestaltet und zeigt Gewölbefresken von *Sebastiano Ricci*, dem Hauptmeister des venezianischen Spätbarock, und ungewöhnliche leuchtertragende Engel des Veronesers *Gerolamo Campagna*.

Der Schildknappe am Haus Nr. 2615 ist der letzte Rest vom Fassadenschmuck der **›Casa di Otello‹**, einem ehemals gotischen Palazzo, der Cristoforo Moro, einem venezianischen Flottenkommandanten, gehörte. Shakespeares Phantasie machte ihn zu ›Othello, dem Mohren‹.

101 San Sebastiano

Campo San Sebastiano

Veroneses künstlerisches Vermächtnis.

Die strenge, schlichte **Fassade** der Renaissancekirche am Rio di San Sebastiano läßt die weltberühmte Innenausstattung nicht ahnen. ›Lo Scarpagnino‹ (Antonio Abbondio), Miterbauer des Fondaco dei Tedeschi, gestaltete das Bau-

Gülden gerahmt: die Deckengemälde der Kirche San Sebastiano zeigen die alttestamentarische Geschichte der Esther

werk außen kühl und nahezu schmucklos. Um so prächtiger kommen die Altar- und Deckenbilder von *Veronese* im saalartigen **Inneren** zur Geltung. Seine frühesten Arbeiten findet man in der *Sakristei*: So die ›Marienkrönung‹, eines der ersten Deckengemälde in Venedig. Anschließend illustrierte er 1553–56 im prächtigen Soffitto die Geschichte der Esther aus dem Alten Testament in drei theatralischen Hauptbildern: ›Entführung der Esther durch Ahasver‹, ›Krönung zur Königin‹ und ›Mordechai, der Ziehvater Esthers, im Triumphzug‹. Jedes Gemälde ist ein Spektakel in Farbe, Form und Bewegung. 1562 entstand sein Hochaltarbild ›Madonna mit hl. Sebastian, Petrus, Katharina und Franziskus‹. An der Ausführung der Seitengemälde war Veroneses Bruder Benedetto beteiligt, der neben ihm in dieser Kirche, unterhalb der von ihm entworfenen und bemalten Orgel, begraben liegt.

Am Rio San Trovaso werden in einer der letzten Gondelwerften (›squeri‹) Venedigs die ›Königinnen der Lagune‹ gebaut

102 San Raffaele

Campo dell'Angelo Raffaele

Interessante Szenen aus der Tobiaslegende, gemalt von Francesco Guardi.

Weit abgelegen, nüchtern, unter Beschädigungen leidend, zählt die bescheidene, im 17. Jh. entstandene Kirche am Rio dell'Angelo Raffaele nicht zu den touristischen Programmpunkten. **Innen** gibt ihr aber das *Deckenfresko* von Francesco Fontebasso (1709–69), ›Der Erzengel Michael kämpft mit Luzifer‹ – eine farblich gelungene, schwingende Komposition –, die dekorative Note. Über den Schöpfer der fünf Szenen aus der Tobiaslegende an der Orgelbrüstung waren Kunsthistoriker lange uneins. Nach neueren Erkenntnissen stammen sie jedoch vom letzten großen venezianischen Vedutenmaler *Francesco Guardi* (1712–93) und nicht, wie manchmal angegeben, von seinem Bruder Antonio. **Guardi**, ein Kind des armen Pfarrbezirks von S. Angelo Raffaele, begann seine Laufbahn als Figurenmaler, verlegte sich aber ab 1755 fast ausschließlich auf Veduten. Seine Arbeiten, teilweise von großer Poesie und höchster Qualität, bestechen durch warme Farbgebung, detailreiche Architekturdarstellung und feinsinnige Typologie der Staffagefiguren. Die schönsten seiner Venedigansichten, die pastellfarbenen Lagunenlandschaften, vor allem auch die berühmten 12 ›Dogenfeste‹, findet man heute vorwiegend im Pariser Louvre und in der Gulbenkianstiftung in Lissabon. Die gemalte Tobiaslegende an der Brüstung der Orgelempore fällt aus dem Rahmen von Guardis Schaffen. Sie läßt an Frühwerke denken, die, durch eine Österreichreise beeinflußt, Stilelemente des in Wien arbeitenden berühmten Rokokomeisters Franz Anton Maulbertsch zeigen.

103 San Trovaso

Campo San Trovaso
Vaporetto Zattere

Malerisches Ensemble am Rio San Trovaso.

Bäume, Schatten, flaschengrün das Wasser des Rio San Trovaso, ockerfarbene und ziegelrote Häuser, ein weißer Brückenbogen, die kleine helle **Kirche** als Blickfang. Die Venezianer mit ihrer Neigung, Namen zu verkürzen, verknüpften ›Gervasio‹ und ›Protasio‹ zu ›Trovaso‹. Die Architektur Palladios mag im 16. Jh. den Umbau des alten, bereits im 11. Jh. existierenden Gotteshauses inspiriert haben.

Michele Giambono (eigentl. Michele di Taddeo, um 1400–62), Hauptvertreter der venezianischen Gotik, malte das Altarbild ›Hl. Chrysigonus zu Pferd‹ (vor 1440) in der *rechten Chorkapelle* im sog. ›weichen Stil‹ der Internationalen Gotik. Die großen Gemälde im *Presbyterium* stammen aus der Werkstatt Jacopo Tintorettos. Sein ›Abendmahl‹ im linken Querschiff ist ein Frühwerk.

In unmittelbarer Nähe der Kirche hat sich eine der letzten **Gondelwerften**

(›squeri‹) Venedigs erhalten. 1500 Jahre Erfahrung werden hier weitergegeben. Wie lange noch?

Die Konstruktion der heutigen Gondeln, die sich seit 200 Jahren kaum verändert hat, steckt voller Besonderheiten: Gondeln werden aus acht verschiedenen Hölzern gebaut, sie sind schlank, knapp über 10 m lang und 1,40 m breit, asymmetrisch (links 24 cm breiter als rechts), um das Gewicht des seitlich am Heck stehenden Gondoliere auszugleichen, und wegen der geringen Wassertiefe in den Kanälen kiellos. Wichtige Ausstattungsstücke sind die ›forcola‹, die aus Walnußholz geschnitzte Rudergabel, deren Einkerbungen, in denen das Ruder aufliegt, bis zu acht verschiedene Manöver zulassen, und die ›remi‹ genannten Ruder, früher wie heute vorzugsweise aus Buchenholz von der istrischen Küste gefertigt. Der ›ferro‹, das Bugeisen, dessen sieben Sporne unter dem stilisierten Dogenhut die Sestieri symbolisieren, ist nicht Dekor allein, sondern dient der Stabilität und Manövrierfähigkeit. Opulenter Gondelschmuck wurde 1562 verboten, nun ist die Gondelfarbe nobles, sattes Schwarz, bar aller Extravaganzen.

104 I Gesuati (S. Maria del Rosario)

Fondamenta delle Zattere
Vaporetto Zattere

Giorgio Massari baute mit Seitenblicken auf Palladios ›Il Redentore‹.

Die mächtige Viersäulenfassade der nach dem nicht mehr existierenden Orden der Poveri Gesuati benannten Kirche bringt ein wenig Glanz an das linke

Berühmt ist die Gesuatikirche für ihre aufwendige Innenausstattung

Die Ähnlichkeit ist unverkennbar: Giorgio Massari orientierte sich beim Fassadenentwurf der Chiesa dei Gesuati (links) an Palladios ›Il Redentore‹

Ufer des Giudecca-Kanals. Zwischen 1726 und 1736 baute *Giorgio Massari* (1687–1766) die der Rosenkranzmadonna geweihte Dominikanerkirche. Wie die **Fassade** zeigt, nahm er dabei Anleihen beim nüchtern-klassizistischen Stil Palladios, den er mit Il Redentore [s. S. 112] vor Augen hatte.

Der architektonisch interessante, sehr helle gekuppelte **Innenraum** ist als Saalkirche mit Seitenkapellen gestaltet. In den Wandnischen zwischen den Halbsäulen sieht man Propheten- und Apostelstatuen des Südtiroler Rokokobildhauers Giovanni Maria Morlaiter. Die farbenfrohen *Gewölbefresken* ›Aufnahme des hl. Dominikus in den Himmel‹, ›Einsetzung des Rosenkranzes‹ und ›Segnung eines Dominikaners‹ von 1738 sind frühe Arbeiten von *Giambattista Tiepolo* und lassen schon den glanzvollen Dekorationsmeister ahnen.

Von Tiepelo stammt auch das schöne Altarblatt ›Muttergottes mit drei Dominikanerinnen‹ (um 1740) am 1. Altar rechts. Weitere wertvolle Altarblätter: ›Papst Pius V. mit Heiligen‹ (1732) von Sebastiano Ricci in der 1. Kapelle links, die ›Dominikanerheiligen Vinzenz Ferrer, Ludwig und Bertrand‹ (1742) von Giovanni Battista Piazzetta am letzten Altar rechts, ›Christus am Kreuz‹ (um 1560) von Jacopo Tintoretto am 3. Altar links.

Neben der Kirche überrascht in der um 1500 entstandenen **Chiesa San Gerolamo dei Gesuati** (S. Maria della Visitazione) die unkonventionelle *Kassettendecke* aus dem 16. Jh., in der 60 farbig gefaßte Tafeln mit den Bildnissen von Propheten und Heiligen eine ›Heimsuchung‹ im Mitteltondo umgeben.

Die **Fondamenta delle Zattere**, wo früher die Flößer (›zattera‹ = Floß) aus den Alpenflüssen nach einer langen Reise ihr Ziel erreichten, ist heute eine Uferpromenade mit Eisdielen und Restaurants. Unter Sonnenschirmen kann man von all den Besichtigungen ausruhen, auf der Terrasse des ›Cucciolo‹ sitzen und den angeblich besten Kaffee von Venedig schlürfen, bei ›Nico‹ herrlichen ›Gianduiotto‹ (Schokoladenspezialität) und exotisches Eis genießen, venezianische Pizza bei ›Da Gianni‹ essen, eiskalten Prosecco im ›Baccaro‹ trinken, den großen Überseedampfern und den kleinen Lastkähnen, die zum Hafen strömen, nachsehen. Nachmittags, im Spätlicht, wenn die Farben intensiver werden, ist der Blick über den Canale della Giudecca zur Isola di Giudecca besonders schön.

Isola di San Giorgio Maggiore und La Giudecca – Palladios edle meerumspülte Kirchen

Zwei Inseln, einander nah, doch grundverschieden. Ohne das meerumspülte Klosterensemble von **San Giorgio Maggiore** mit Andrea Palladios berühmter Renaissancekirche wäre der Ausblick von der Piazzetta San Marco nur halb so schön. Von der Fondamenta delle Zattere aus, im Süden von Dorsoduro, präsentiert das lange, schmale Eiland **Giudecca** seine niedrige Häuserreihe am Ufer, in die sich die beiden Gotteshäuser **Il Redentore** und **Le Zitelle** schmiegen, wie eine fragile Linie, verschwimmend zwischen Himmel und Meer. Die Insel ist zwiespältig, strahlende Fassaden wechseln mit moribunden Quartieren, bewegte Gassen mit der größten Industrieruine Venedigs, Überaltertes mit zaghaft Modernem. Verfall überwuchert zu oft die Ästhetik.

Grandioser Akzent im venezianischen Panorama: die Palladio-Kirche San Giorgio Maggiore auf der gleichnamigen Klosterinsel der Benediktiner

Ein Ort zum Innehalten und Ruhigwerden: der Kreuzgang des Klosters San Giorgio Maggiore

105 San Giorgio Maggiore

Campo San Giorgio
Vaporetto San Giorgio

Die strahlendweiße Fassade der berühmten Klosterkirche bereichert die schönsten Venedigveduten.

Immer schon hatten Venedigs Baumeister die Gabe, ihre Bauten harmonisch in das Gesamtkunstwerk der Serenissima einzufügen. Die der Piazzetta vorgelagerte Insel, die Kirche mit der strahlendweißen Fassade, ihr Turm, der mit dem Campanile von San Marco wetteifert, sind aus der Stadtsilhouette nicht wegzudenken. Schon 982 gründeten Benediktinermönche gegenüber dem ersten turmbewehrten Kastell des venezianischen Dogen ein dem hl. Georg geweihtes Kloster. Im 16. Jh. erfolgte ein Neubau. **Andrea Palladio** entwarf die Kirche 1566, erst lange nach seinem Tod wurde sie vollendet und 1610 geweiht. Der große Architekt der Hochrenaissance hat die auf Fernsicht angelegte dreiteilige **Fassade** mit den vier vollplastischen Dreiviertelsäulen, die augenscheinlich auf viel zu hohen Sockeln stehen, und den von einer Christusstatue gekrönten Dreiecksgiebel nie fertig gesehen. Vielleicht

Lichtumstrahlt ist die Gestalt Christi in Tintorettos bewegendem ›Abendmahl‹ (um 1592/94)

hätte sich die Begeisterung des eigenwilligen Andrea di Pietro della Gondola, dem Graf Giangiorgio Trissino, Freund, Lehrer, Gönner, frei nach der Schutzgöttin der Kunst Pallas Athene, den Namen ›Palladio‹ gab, in Grenzen gehalten. Er strebte eine möglichst exakte Annäherung an die Architektur der römischen Antike an, eine Perfektion, die er erst mit ›Il Redentore‹ erreichte.

Das dreischiffige **Innere** über basilikalem Grundriß, sehr weiß und hell und weitläufig, eine Architekturdokumentation römisch-antikisierender Formensprache unter einer zentralen Kuppel, wirkt klar gegliedert und feierlich. Der erhöhte Altarraum ist durch Säulenstellungen vom Mönchschor getrennt, hoch oben, an der Fassadeninnenwand, sieht man vier Evangelistenfiguren des Sansovino-Schülers Alessandro Vittoria (1525–1608). Der **Hochaltar** mit der Bronzegruppe ›Christus als Heiland auf der Weltkugel‹ ist das Hauptwerk des Veronesers Gerolamo Campagna (1550–1623), dessen Arbeiten bereits zum Frühbarock tendieren. Im **Presbyterium** hängen Tintorettos großformatige Bilder ›Mannaregen‹ und ›Abendmahl‹, Spätwerke, ganz visionär, alles Menschliche schattenhaft vor der lichtumstrahlten Gestalt Christi. Altäre mit Bildern von Sebastiano Ricci (›Madonna und Heilige‹, 1708) und Jacopo Bassano (›Geburt Christi‹ und ›Hl. Lucia‹, um 1560) ergänzen die qualitätvolle Ausstattung.

Links vom Mönchschor mit seinem reich geschnitzten Gestühl befindet sich der Aufzug zum **Campanile**, von dessen Glockenstube aus man eine überwältigende Rundsicht über die Stadt hat.

Top Tip

In den ehem., im 16. Jh. erbauten **Klosterkreuzgängen** und in Palladios **Refektorium** fand 1800 ein viermonatiges Konklave statt, aus dem Barnaba Luigi Conte Chiaramonti als Papst Pius VII. hervorging.

Kloster und Insel befinden sich heute im Besitz der *Fondazione Giorgio Cini*, einer Stiftung des Grafen Vittorio Cini im Gedenken an seinen einzigen Sohn Giorgio, den er durch einen Unglücksfall verlor. Die seit der Säkularisation arg beschädigten Klostergebäude wurden vorbildlich restauriert und beherbergen heute das **Internationale Zentrum für Kultur und Geschichte**.

106 La Giudecca

Hotelluxus pur, Palladios vollkommenstes Werk ›Il Redentore‹ und eine Industrieruine von gigantischer Größenordnung.

Hotel Cipriani und Palazzo Vendramin

Vaporetto Zitelle

Üppig blühende Büsche, Rosen, schlanke Zypressen: viel Grün an der östlichen Inselspitze der Giudecca. Das ›Cipriani‹, Venedigs luxuriösestes Hotel, kam nicht in einem Palazzo längst vergangener

Phantastische Aussichten – auf die Hotelanlage des ›Cipriani‹ mit Venedigs einzigem Swimmingpool und auf San Giorgio Maggiore

Jahrhunderte auf die Welt, sondern 1956 in einer alten Bootswerft. *Giuseppe Cipriani*, Gründer von Harry's berühmter Bar, hatte eine Intuition, fand Interesse und Unterstützung im Personenkreis rund um die Guinness-Dynastie – und folgte ihr. Das Hotel wuchs um einen herrlichen Parkgarten, Venedigs einzigen Swimmingpool, schmückte sich mit Luxus, mit Muranoglas und Fortunystoffen, tilgte den Makel der nichtadeligen Geburt durch Zukauf des 500 Jahre alten **Palazzo Vendramin** am Giudecca-Ufer und ging 1976 in den Besitz eines amerikanischen Schiffsmagnaten über. Heute gehört es zu den Orientexpreß-Hotels. Zur 500-Jahr-Feier für Carpaccio, 1965, kreierte man das ›Carpaccio classico con salsa del Cipriani‹. Wer weiß, vielleicht hätte Carpaccio es genossen, abends, auf einer der herrlichen Gartenterrassen, die so unendlich viel Ruhe, wohltuende Weite im engen Venedig und eine grandiose Fernsicht bieten.

Le Zitelle (S. Maria della Presentazione)

Vaporetto Zitelle

Acht Kanäle umspülen einzelne Inseln, die durch acht Brücken zur langgestreckten La Giudecca verbunden sind, die verwaltungstechnisch zu Dorsoduro gehört.

Der Inbegriff von Luxus: das Hotel Cipriani

Ihre Vergangenheit ist dunkel, alle Anzeichen sprechen indes dafür, daß Venedig im 11. Jh. den Juden (›giudei‹) erlaubte, auf der Insel ›Spinalunga‹ (langer Dorn) zu siedeln, die später nach ihnen Giudecca genannt wurde.

›Le Zitelle‹ entstand ab 1579 etwa gleichzeitig mit der Redentore-Kirche. Mag sein, daß Andrea Palladio die Pläne für dieses Gotteshaus mitentworfen hat. Die **Fassade** mit dem palladianischen Thermenfenster scheint dafür zu sprechen. Jacopo Bozzetto, der sie 1586 fertigstellte, hat ihr durch Vereinfachung ein vergröbertes Erscheinungsbild gegeben.

Die dreischiffige Basilika selbst ist weitgehend ein Werk des 18. Jh. Francesco Bassanos (1549–92) ›Tempelgang Mariä‹ auf dem **Hauptaltar** läßt an Tizian und Tintoretto denken.

In den schlichten, die Kirche einfassenden **Klosterbauten** beugten sich Waisen und ›Jungfrauen‹ (= Zitelle) ein Leben lang über die Kissenrolle mit der Spitzenvorlage, um Tausende winziger Knoten für die wie aus Luft gesponnenen Spitzen ›punta in aria‹ zu knüpfen.

Neogotik im Verein mit Jugendstil und Phantasie setzte der Maler-Architekt Marius de Maria (1852–1924) um die Jahrhundertwende in seiner **›Casa Tre Occhi‹** (Dreiaugenhaus) mit den extravaganten Atelierfenstern neben dem Kloster um. Die Maler Ilse Bernheimer und Friedensreich Hundertwasser haben längere Zeit hier gewohnt.

Il Redentore

Vaporetto Redentore

Die berühmten Ärzte Cristoforo Mercuriale und Girolamo Capodicacca hielten die Pest für nicht ansteckend. Sie irrten sich, fast 50 000 Bewohner der Lagunenstadt fielen dieser Fehleinschätzung im Laufe des Jahres 1576 zum Opfer, unter ihnen der fast 100jährige Tizian.

Der Grundstein für die von der Signoria im Falle des Erlöschens der Seuche gelobten Votivkirche wurde 1577 gelegt. *Andrea Palladio* erhielt den Planungsauftrag und setzte die weitgespannte religiöse Symbolik architektonisch um: ein schwingend in Stein geformtes Gebet, die Kuppel dem Himmel zugewölbte Hoffnung. Anklänge an das römische Pantheon sind deutlich. Die als Tempelfront gebildete klassizistische **Fassade** mit der Erlöserstatue auf der Giebelspitze leitet über die Dachschräge direkt zur großen Kuppel über.

Die klassizistische Tempelfront verrät ganz deutlich den Architekten: die Pestkirche Il Redentore ist ein Werk des großen Palladio

Das **Innere**, durch monumentale Halbsäulen und symmetrisch angelegte Kapellen gegliedert, wirkt hell und harmonisch. Der Kuppelraum sendet zwei halbrunde Querhausarme aus und wird vom Mönchschor durch eine halbrund angeordnete Säulenkolonnade effektvoll getrennt.

Das durch Thermenfenster einfallende Licht, von der reinweißen Decke des Tonnengewölbes optisch verstärkt, gibt den Säulen eine hohe Plastizität.

Einen barocken Kontrapunkt zur Architektur Palladios bildet die Kreuzigungsgruppe (Ende 16. Jh.) des Gerolamo Campagna auf dem *Hochaltar*.

Jeden dritten Sonntag im Juli wird zur Erinnerung an die verheerende Pest von 1576 die **Festa del Redentore** (Fest des Erlösers) gefeiert. Der venezianische Klerus zieht dann in einer prunkvollen Prozession von den Zattere über eine Pontonbrücke zum Redentore, und Tausende von Gläubigen folgen, um in der Votivkirche eine Kerze zu entzünden.

Weltlicher gebärdet man sich am Vorabend: Der Canale della Giudecca ist dann übersät mit lampion- und blumengeschmückten Booten, an der Fondamenta delle Zattere gibt es die traditionellen ›sarde in saór‹ (Sardellen mit einer säuerlichen Sauce), es wird musiziert, getrunken, gefeiert, gelacht. Um Mitternacht erleuchtet ein gigantisches Feuerwerk die Szene, und frühmorgens fahren die ganz Unermüdlichen zum Lido, um dort den Sonnenaufgang zu erleben.

Mulino Stucky

Vaporetto S. Eufemia

Unter österreichischer Herrschaft wurden 1847 die Bahnlinie Mailand–Venedig und die Eisenbahnbrücke über die Lagune fertiggestellt. Absicht und Folge dieser technischen Großtat waren eine zunehmende Festlandorientierung und Industrialisierung Venedigs, die mit dem Ausbau des großen Handelshafens nach 1860 weiter vorangetrieben wurde. Die westliche Giudecca-Kanalzone wurde zum neuen Zentrum wirtschaftlicher Entwicklung. Der Schweizer Unternehmer *Giovanni Stucky* ließ 1876 auf dem Grund der einstigen Klosteranlage SS. Biago und Cataldo eine erste Dampfmühle und eine Nudelfabrik errichten, die bald einer gewaltigen Vergrößerung bedurfte. Der Hannoveraner Architekt Ernst Wullekopf (1858–1927) entwarf 1895 einen gigantischen achtstöckigen **Industriekomplex** in norddeutscher Backsteingotik. Auch nach der Einstellung der Produktion im Jahr 1955 prägt er noch immer das Bild des westlichen Kanalabschnittes. Der ruinöse Zustand macht das Industriedenkmal zu einer fragwürdigen Größe.

Schiffahrt in die nördliche Lagune – Insel der Toten, Inseln der Lebenden

Sanft, passiv und träge erscheint das Wasser der Lagune. An sonnigen Tagen schimmert es perlmuttfarben, frühmorgens und spätabends, wenn das Licht in kleinem Winkel einfällt, bekommt es einen matten Goldglanz. Die Inseln liegen wie Flöße im Wasser, flach, die Häuser auf eine bunte Linie reduziert, und nur die Kirchtürme wachsen beim Näherkommen immer höher. Aus diesen Inseln entstand einst Venedig, und jede hat ihr eigenes Gesicht: die Toteninsel **San Michele**, die Glasbläserinsel **Murano**, das buntscheckige **Burano, San Francesco del Deserto** und das verlassene **Torcello**.

Top Tip 107 San Michele

Vaporetto ab Fondamenta Nuove

Sehenswürdigkeit und Gottesacker.

Die ›Letzte Reise‹ der Venezianer ist am berührendsten, wenn sie in einem Kondukt schwarzverhangener Gondeln erfolgt. Mit den Gondolieri scheint der Mythos von Charons Nachen noch einmal gültig zu werden. Nach einer sanft schaukelnden Wasserfahrt landen sie ihre Fracht zwischen schlanken, hohen Zypressen, die wie Totenkerzen aussehen, und die Ewigkeit nimmt ihren Anfang.

Der Mann, der sich die Klosterinsel der reformierten Minoriten als einzigen Begräbnisort der Venezianer ausdachte, war Napoleon Bonaparte. Ursprünglich waren es zwei Inseln: San Michele und San Cristoforo. Sie wurden 1837 durch Aufschüttung eines trennenden Kanals verbunden. Fremde aus aller Welt besuchen den einzigartigen **Friedhof**, der beim Näherkommen einer ummauerten Terrasse gleicht.

Das Kloster San Michele ist uralt, Camaldulenser Mönche errichteten es 1212. Der Bergamasker Mauro Codussi ent-

Den Siegeszug der Renaissance im gotischen Venedig kündigte Mauro Codussis aus istrischem Sandstein erbaute Kirche San Michele an

warf 1469 den heutigen **Kirchenbau**, der im gotischen Venedig den Siegeszug der Renaissance ankündigte. Die *Fassade*, hell leuchtend, mit istrischem Marmor verkleidet, im unteren Teil rustiziert, bildet zusammen mit der kleinen, runden, von einer Kuppel überwölbten *Cappella Emiliana* des Bergamaskers Guglielmo de' Grigi ein reizvolles Ensemble.

Die wertvollen Stücke der *Innenausstattung* wurden nach Aufhebung des Klosters entfernt. Die Säulenbasilika wirkt nur durch ihre Architektur und durch die qualitätvolle Ornamentik an Sockeln und Pilastern.

In der Kirche ist *Fra Paolo Sarpi* begraben, Berater Venedigs während der Zeit des Kirchenbanns über die weltoffene, tolerante, eigensinnige Stadt. In Rom exkommuniziert, von ›Bravi‹ (gedungenen Meuchelmördern) des Kardinals Borghese fast erdolcht, wurde er von den Venezianern zum Märtyrer erkoren.

Nur gebürtige Venezianer, die ihr Leben lang Bürger der Stadt waren, können auf dem **Friedhof** beerdigt werden. Der Platz ist knapp, die Grabstätten sind oft übereinandergetürmt, die letzte Ruhezeit wurde auf 20 Jahre begrenzt. Für Berühmtheiten wie den Komponisten Igor Strawinsky, dessen ironische Oper ›The Rake's Progress‹ 1951 in Venedig uraufgeführt wurde, und den Ballettimpresario Serge Diaghilew fand man im Sector Greco, für den Dichter Ezra Pound, der in Venedig starb, im evangelischen Sektor Platz.

Hätten Sie's gewußt? – die friedliche Isola di San Michele hat sich einst der kriegerische Napoleon als Begräbnisstätte für alle Venezianer ausgedacht

Zeugt vom Charme byzantinischen Bauens: die Basilika SS. Maria e Donato aus dem 12. Jh.

108 Murano

Vaporetto ab Fondamenta Nuove oder San Zaccaria

Die weltberühmte Insel der Glasbläser, der Glasschneider, Graveure und Spiegelmacher.

Die Insel Murano, einer der wichtigsten Bausteine im venezianischen Wirtschaftsgefüge, ist sehr grau und sehr düster. Vier Dutzend Glasfabriken geben den Ton an, die Schmelzöfen verbreiten eine Höllenhitze, die Fließbandarbeiter werken eifrig, die Händler an der Fondamenta dei Vetrai bringen, neben qualitätvollen Produkten, reichlich Kitsch unter die Leute.

Am zerbrechlichen **Glas** übten die Venezianer ihre Stärke: Nach der Eroberung Konstantinopels zwangen sie die dort ansässigen Glasmacher zur Übersiedlung nach Venedig. 1291 verpflichtete man alle venezianischen Glashütten, nach Murano umzuziehen. Die gesellschaftliche Aufwertung der Glasbläser – ihre Familien wurden in einem ›libro d'oro‹ aufgeführt und hatten eine Menge Privilegien – verdeckt jedoch nicht ihr verkapptes Sklaventum: Das Verlassen der Insel oder die Preisgabe von Herstellungsgeheimnissen wurde mit der Todesstrafe geahndet.

Bis zum 19. Jh. waren zartes Kristallglas, mit Diamantspitze graviertes oder mit Goldblatt koloriertes Glas, Netz- und Fadenglas, das Eisglas der Renaissance und das Filigran oder Milchglas aus Murano das kostbarste Glas der Welt. Mosaike, Spiegel, Kronleuchter und Perlen waren heiß begehrt. Im 18. Jh. verlor Muranoglas durch den Niedergang der Lagunenstadt seine Dominanz. Heute si-

Ein hauchzartes Meisterwerk im Museo Vetrario di Murano ist das gläserne Segelschiff aus dem 16. Jh.

gnalisieren etwa 50 Betriebe – einige kann man besichtigen – einen neuen Aufschwung. Bleibt zu hoffen, daß in Zukunft das qualitätvolle Glas wieder über die Massenproduktion siegt.

San Pietro Martire

Fondamenta dei Vetrei

Wenige Schritte von Muranos Canal Grande, in der Nähe des Ponte Vivarini, steht die Klosterkirche der Dominikaner mit ihrer schlichten Fassade. Im **Inneren** der dreischiffigen Säulenbasilika, die 1474 nach einem Brand erneuert wurde, verdient das erst kürzlich restaurierte *›Votivbild des Dogen Agostino Barbarigo‹* (1488) von Giovanni Bellini im rechten Seitenschiff besondere Beachtung. Das Gemälde vom knienden Dogen, der sich im Beisein seines Schutzpatrons vom hl. Markus der Madonna präsentieren läßt, gilt als eines der Hauptwerke der Frührenaissance. Die bühnenähnliche Komposition mit der wie durch ein Fenster gesehenen Landschaftsrahmung wurde beispielgebend für die venezianische Malerei der Folgezeit, vor allem für eine wahre Flut von weiteren Dogen-Votivbildern.

Nur die Historiker sind verstimmt. Staatsmaler Bellini stellte Agostino Barbarigo weise und gütig dar. In Wirklichkeit jedoch war der Doge ein verhaßter Tyrann von üblem Charakter und mit einer Portion Größenwahn.

An der gegenüberliegenden Wand hängen zwei Altarbilder von Paolo Veronese: ›Hl. Hieronymus‹ und ›Hl. Agatha im Kerker‹. Die emphatische Reliefikone ›Christus, von Engeln beweint‹ (um 1495) am Hochaltar ist eine von der Frührenaissance im Stil Donatellos inspirierte Arbeit.

Palazzo da Mula

Fondamenta da Mula

Träume von Villeggiatura (Sommerfrische), von blühenden Blumen und schattigen Gärten auf Murano: Venedigs Nobili zogen sich ab dem 16. Jh. während der Sommerhitze nicht nur auf die Terra ferma zurück, sie ließen sich auch von den kleinen, alten, in Grün gebetteten Palästen der nahegelegenen Glasbläserinsel bezaubern.

Zu den wenigen Relikten dieser Zeit zählt der im 16. Jh. in einen Sommersitz umgewandelte Palazzo da Mula. Seine spätgotische **Fassade**, mit erstaunlich großen Seitenfenstern im Piano nobile, zeigt im Mittelteil eingelassene Reliefs aus dem 12. und 13. Jh. Der ummauerte Garten ist durch den Lärm, Rauch und Staub der nahen Glasbläserei stark in Mitleidenschaft gezogen.

Museo Vetrario di Murano

Fondamenta Marco Giustiniani

Der ehemals bischöfliche Palazzo Giustiniani beherbergt heute das Glasmuseum.

Kunst und Kitsch – beides kommt aus den Glaswerkstätten Muranos

Hier wird die Geschichte des venezianischen Glases vom 15. Jh. bis heute nacherzählt. Sie beginnt im **Erdgeschoß** mit *antikem Glas* aus Ägypten, Griechenland, Phönizien und Rom, gibt in den Vitrinen des **Obergeschosses** die einst so streng geheimgehaltenen *Herstellungsverfahren* preis und zeigt erlesene Stücke, Spiegel, Vasen, Schalen, Flügelkelche. Beeindruckend sind u.a. der *›Coppa nuziale‹*, ein Hochzeitspokal aus dem 15. Jh. von Angelo Barovier, eine *Glasschale in Segelschifform* mit einer filigranen Takelage, die in der 2. Hälfte des 16. Jh. gearbeitet wurde, und eine flache *Fußschale* mit Diamantgravuren, ein kunstvolles Produkt des 17. Jh.

Öffnungszeiten siehe S. 134

SS. Maria e Donato

Campo San Donato

Welch ein wunderschöner Blick auf die Basilika, den Campanile und die hübsch geschwungene Bogenbrücke bietet sich vom *Canale San Donato* aus: Ein gewaltiger Backsteinbau, schlicht gehalten, sparsam mit Lisenen und Bogenfriesen gegliedert, steigert sich in der als **Schauseite** ausgebildeten Apsis zum feierlichen, würdevollen Ensemble. Durch einen Zackenfries getrennte Säulenarkaturen erstrecken sich über zwei Stockwerke.

Der Dom von Murano steht auf den alten Fundamenten einer von Festlandsflüchtlingen erbauten, der Muttergottes geweihten Kirche aus dem 7. Jh. In der 1. Hälfte des 12. Jh. führte der Erwerb der Reliquien des hl. Donatus zum Doppelpatronat ›Maria e Donato‹ und zur Neugestaltung des Bauwerks.

Im stimmungsvollen **Inneren** geht man über ein herrliches *Fußbodenmosaik* mit Pflanzen- und Tiermotiven, das, aufwendig restauriert, wieder im Glanz des 12. Jh. erstrahlt und seine zeitliche Entsprechung im goldgrundigen Mosaik *›Maria Orans‹* in der Apsiswölbung findet. Die vergoldete *Reliefikone des hl. Donatus* (1310) im linken Seitenschiff wird von Porträts des Stifterehepaares Memmo flankiert.

109 Burano

Anfahrt ab Fondamenta Nuove

Die Wiege der Spitzenerzeugung.

Gewiß ist das Fischerdorf Burano malerisch, seine Häuser sind klein und bunt, manche krumm und windschief, rosa, blau, ocker und resedagrün. Knapp 5000 Buranesen leben in einer Kinderland-Kulisse, in provinzieller Harmonie. Die Realität ist weniger bunt: Feuchtigkeit verdirbt die Häuser, so daß sie jedes Jahr neu gestrichen werden müssen. Der Fischfang reicht gerade zum Leben. Die Spitze klöppelnden Fischerfrauen leiden unter der industriellen Konkurrenz aus Fernost.

Zu Beginn dieses Jahrhunderts war Burano Sitz einer Malschule.

Bunte Bauten bezaubern die Besucher auf der Fischer- und Spitzeninsel Burano

San Martino
Piazza B. Galuppi

Von fern ähnelt der ›schiefe Turm‹ von Burano den ›bricole‹, jenen Pfählen, die die Schiffahrtswege durch die Lagune markieren, sie beleuchten und bei Nebel befahrbar machen.

Im **Inneren** der Kirche aus dem 16. Jh. ist die Hauptattraktion eine in leuchtenden Farben gemalte ›*Kreuzigung*‹ von Giambattista Tiepolo. Das Bild in der Kapelle links des Presbyteriums mit dem Thema ›Wunder des hl. Alban‹ stammt von Antonio Zanchi.

Scuola di Merletti
Piazza B. Galuppi

Im **Palazzo del Podestà** aus dem 13. Jh. wird die typische Spitzenkunst der Insel dokumentiert.

Die Spitze klöppelnden Fischerfrauen mit den unglaublich flinken Fingern blicken auf eine lange Tradition zurück. Ihre Kunst entwickelte sich aus der Stickerei mit weißen Fäden im frühen 16. Jh. zum sog. ›Luftstich‹ (Punta-in-Aria-Technik). Die hauchzarten, kostbaren Nadel- und Klöppelspitzen, Reticella- und ›Point de Venise‹-Spitzen aus Burano besaßen jahrhundertelang Weltruf. Sie standen unter Monopol, ehe sich Frankreich zur Zeit des Sonnenkönigs die Geheimnisse der kunstvollen Techniken aneignen konnte.

Öffnungszeiten siehe S. 134

110 San Francesco del Deserto

Vaporetto ab Fondamenta della Pescheria auf Burano

Eine Insel für Mußestunden.

Ein grünes Viereck in der Lagune, von Zypressen gerahmt, gibt dem Kloster San Francesco Asyl. Es kann zwar keine bedeutenden Kunstschätze vorweisen, aber die Fratres, »die das Rätsel des Lebens und die Seele des Menschen ergründen wollen«, bereiten Gästen einen ausgesprochen freundlichen Empfang. Eine Legende erzählt, der hl. Franziskus solle sich 1220 im Inselgarten von den Strapazen einer Palästinareise ausgeruht haben. Für ein paar Stunden kann man es ihm gleichtun und den Frieden der Lagunenlandschaft genießen.

Blick in die Kathedrale S. Maria Assunta auf den wundervollen Marmormosaikboden (11. Jh.) mit dem eingearbeiteten Bischofsgrab und das ›Weltgericht‹ (12. Jh.)

111 Torcello

TOP TIP

Vaporetto ab Fondamenta Nuove

Die ›Mutter‹ Venedigs.

In alten Zeiten zog die Insel Römer, später Flüchtlinge aus Altino und Malamocco an. Torcello war vor Venedig Hauptstadt Inselvenetiens, wurde 639 Bischofssitz, blühte, baute 20 Kirchen, Häfen, Werftanlagen, war reich und mächtig, ging aber in Flutkatastrophen und Seuchen unter, kaum ein Stein blieb auf dem anderen. Heute wirkt Torcello menschenleer und verlassen, sein struppiges Grün rahmt Tümpel, durch die verwilderten Artischockenbeete kriechen Eidechsen. Seit 1970 sind Archäologen am Werk, um die geflutete Geschichte der Insel wieder auszugraben.

Einen schmalen Kanal entlang, vorbei am *Ponte del Diavolo* und am gemütlichen Traditionslokal *Osteria Ponte del Diavolo* führt der Weg schnell von der Bootsanlegestelle zum ehem. Zentrum der Stadt Torcello, dem Ensemble aus Cattedrale di S. Maria Assunta und Chiesa di S. Fosca.

Romantisches Sommeridyll vor der griechisch-byzantinischen Kirche S. Fosca

TOP TIP

S. Maria Assunta

Piazza Torcello

Die Kathedrale im veneto-byzantinischen Stil wurde 639 gegründet, später aber mehrmals baulich stark verändert und vergrößert. Die hochaufragende lisenengeschmückte **Fassade** strahlt tiefen Ernst aus. Der **Innenraum**, dreischiffig mit hochgezogenem Mittelschiff, ohne Querschiff, in halbrunden Apsiden endend, wirkt feierlich, aber unruhig. Die Marmorsäulen tragen prachtvolle Kapitelle, die Ikonostasis trennt den Hauptraum dekorativ vom Altar, dessen Platte ein antiker Sarkophag trägt. Ältester Teil ist der aus dem 11. Jh. stammende geometrisch gemusterte Fußboden, der zu den feingeschnittenen Marmorreliefs mit den zwei Pfauen im unteren Teil der Ikonostasis, zu den um Maria gruppierten Tafelbildern der Apostel und zum erhöhten Hauptchor überleitet.

Der kostbarste Schatz von S. Maria Assunta sind die von hervorragenden byzantinischen Künstlern im 12. Jh. gearbeiteten *Mosaiken*. Die aus einer Blumenwiese aufsteigende, ganz in mystisches Blau gehüllte Madonna in der mittleren Apsis wirkt statisch und entrückt. Das ›Weltgericht‹ an der Westwand dagegen ist eine hochdramatische, bewegte Komposition. Die Augen brauchen Zeit, um sich an die Massenszenen auf den sechs Bildreihen zu gewöhnen: Aus den Niederungen der Hölle und der Gräber, von denen sich die Toten erheben, gleiten sie über die Darstellungen der Auserwählten und Verdammten, über Scharen von Teufeln und Engeln bis zu den sich öffnenden Toren des Paradieses, zu Christus als Weltenrichter und Christus am Kreuz. Hier haben byzantinische Strenge und venezianisch-bewegte Erzählfreude zueinandergefunden.

S. Fosca

Piazza Torcello

Die griechisch-byzantinische Kirche der Märtyrerin aus Ravenna stammt aus dem 11. Jh. Elegant sind ihre umlaufenden Arkaden, die überhöhten Bögen und die Kuppel, die durch ihre stufenweise Konstruktion an Schwere verliert. Wunderbar harmonisch ist die Raumwirkung mit Zentralkuppel und Halbkuppeln, Wölbungen, dunklen Holzbalken, Säulen mit schönen Kapitellen, Licht- und Schattenspielen. Der Altar entstand erst 1935.

Auf dem Vorplatz der beiden durch einen Arkadengang aus dem 16. Jh. verbundenen Kirchen S. Maria Assunta und S. Fosca finden sich noch Reste des einstigen **Baptisteriums** aus dem 7. Jh., Skulpturenfragmente aus verschiedenen Jahrhunderten und der geheimnisumwobene Marmorsitz, den der Volksmund phantasievoll **›Thron Attilas‹** (Sedia di Attila) taufte.

Museo dell'Estuario

Piazza Torcello

In zwei stilvollen alten Palästen aus dem 13. und 14. Jh. wurden die Grabungsfunde aus Torcellos Vergangenheit akribisch zusammengetragen: römische Relikte, Waffen, Münzen, zerbrochene Büsten, vorchristliche Grabstelen, Grabsteine mit Inschriften aus dem 4. Jh., Sakralgegenstände, die Flüchtlinge aus Altino mitbrachten, Architekturteile von früheren Kirchen. Zu den wertvollsten Stücken zählt das vergoldete Silberrelief einer Marienikone aus dem 11. Jh., das ursprünglich Teil der ›Pala d'Argento‹ in der Kathedrale war.

Öffnungszeiten siehe S. 133

Locanda Cipriani

Piazza Torcello

Giuseppe Cipriani, berühmter Besitzer von ›Harry's Bar‹ [s. S. 135], richtete diese Locanda 1948 in einem alten Gasthof ein, den er nach eigenen Ideen umbaute.

Ernest Hemingway schrieb hier Teile seines berühmten, trauerumschatteten, die winterliche Lagune ins Blickfeld rückenden Buches ›Über den Fluß und in die Wälder‹. In den halb zugefrorenen ›Valli‹ (Fischtäler) ging er auf Entenjagd, und in der Locanda erfand er den Drink ›Montgomery‹, der sehr viel mehr Gin enthält, als guttut.

Der Charme von Ciprianis Lokal hat sich seit damals kaum verändert, es ist jedoch exklusiv und teuer geworden. Die Gästeschar ist international, die Küche gilt als eine der besten Italiens, exzellent schmecken die ›Risotti‹ mit Meeresfrüchten, die fangfrischen Fische zur leichten Polenta, das unübertroffene ›Carpaccio alla Cipriani‹, die Tagliolini mit Scampi und die ›Zuppa rustica‹ mit Artischocken.

Auf Sand gebaut

Der **Lido**, *die flache, schmale, 12 km lange Sandbarriere zwischen Lagune und Adria, zeigt Venedig den Rücken und öffnet sich bereitwillig dem Meer, den meist sanften Wellen im Sommer, dem frischen Wind und der bräunenden Sonne. Blühende Gärten, schattige Alleen, guterhaltene weiße Villen im Liberty-Stil, luxuriöse pseudomaurische Hotelarchitektur und die langen Zeilen der Badehäuser zeugen von einer Zeit, in der hier die High-Society Europas zwischen Dünen und Rosenbeeten lustwandelte. Noch immer liegt eine Aura von vergangenem Glanz, da und dort auch von diskreter Eleganz über dem Modestrand der Jahrhundertwende, wo* **Thomas Mann** *seine Novelle ›Der Tod in Venedig‹ ansiedelte.*

Heute ist der Lido eines jener Bollwerke, die Venedig vor dem direkten Anprall der Adria schützen, dicht bebaut, im Sommer überfüllt, der Autoverkehr ist hektisch, die Uferparzellen pro Badegast erweisen sich als winzig, und die Ferientage geraten zum kunterbunten Dauerfest: Schier endlos sind die sportlichen Möglichkeiten, lang die Nächte im Spielcasino oder in der großen, lauten Diskothek ›Acropolis‹. Die kulinarischen Genüsse steigern sich von den einfachen Pizzerie zu überladenen Tafeln unter Muranolüstern im **›Hotel des Bains‹**, *wo Luchino Visconti die Thomas-Mann-Novelle verfilmte, und Gala-Menüs im* **›Excelsior‹**, *die theatralisch, im Namen von Tizian oder Tintoretto, Tiepolo oder Canaletto, inszeniert werden.*

Jedes Jahr im September reisen Stars an und hoffen beim **Internationalen Film Festival**, *das hier seit 1932 stattfindet – seit 1937 im Palazzo del Cinema –, den ›Premio Leone d'Oro di San Marco‹, den ›Goldenen Löwen‹, zu gewinnen. Sie bringen etwas modernes Flair auf die einst so elitäre Insel zurück.*

Pompöse Pracht der Jahrhundertwende: das Hotel Excelsior am Lido

Venedig aktuell A bis Z

Vor Reiseantritt

ADAC Info-Service:
Tel. 01805/101112, Fax 302928

ADAC im Internet:
http://www.adac.de

Informationen gibt das **Staatliche Italienische Fremdenverkehrsamt ENIT** (Ente Nazionale Italiano per il Turismo):

Gebührenpflichtige Servicenummer für Prospektversand:
Tel. 0190/799090

Deutschland
Karl-Liebknecht-Str. 34, 10178 Berlin, Tel. 030/2314 6917, Fax 2314 6912

Kaiserstr. 65, 60329 Frankfurt/Main, Tel. 069/237434, Fax 232894

Goethestr. 20, 80336 München, Tel. 089/531317, Fax 534527

Österreich
Kärtnerring 4, 1010 Wien, Tel. 01/50543740, Fax 5050248

Schweiz
Uraniastr. 32, 8001 Zürich, Tel. 01/2117917, Fax 2113885

Allgemeine Informationen

Reisedokumente

Deutschland, Österreich und Italien sind EU-Vollmitglieder (Schengen-Abkommen), zwischen diesen Ländern wurden die Grenzbalken am 1.4.1998 abgebaut. Trotzdem ist die Mitnahme des Reisepasses oder eines gültigen Personalausweises verpflichtend vorgeschrieben, da stichprobenartig Überprüfungen durch die Exekutive in der Nähe der Landesgrenzen durchgeführt werden.

Die Schweiz ist ein Drittland, in dem nach wie vor Grenzkontrollen stattfinden und Reisende aus Deutschland und Österreich zur Ein- oder Durchreise einen Reisepaß oder einen gültigen Personalausweis benötigen.

Kfz-Papiere

Vorgeschrieben sind für das eigene **Kraftfahrzeug** der nationale Führerschein, der Zulassungsschein und die *Internationale Grüne Versicherungskarte*, die sich bei Unfällen als sehr nützlich erweisen kann. Wer einen fremden Wagen fährt, benötigt eine Vollmacht des Fahrzeugbesitzers.

Für **Motorboote** ab 3 Steuer-PS (1 Steuer-PS = 3,5 PS) ist die bei Autofahrerclubs erhältliche *Blaue Karte* erforderlich.

Krankenversicherung etc.

Auslandskrankenscheine der Krankenkassen berechtigen zur kostenlosen Behandlung in öffentlichen italienischen Krankenhäusern und bei Vertragsärzten. Eine **private Auslandskrankenversicherung** schützt vor unangenehmen Überraschungen, eine **Reisegepäckversicherung** mildert schmerzliche Verluste.

Bei der Mitnahme von **Hund und Katze** benötigt man ein höchstens 30 Tage altes tierärztliches Gesundheitszeugnis und eine Tollwut-Impfbescheinigung (mind. 20 Tage, max. 11 Monate alt).

Zollbestimmungen

Bei Reisen mit dem Kfz innerhalb der EU gelten für die Einfuhr von Waren für den privaten Verbrauch keine Beschränkungen. Es gibt allerdings Richtwerte. Diese liegen bei 800 Zigaretten oder 200 Zigarren, 10 l Spirituosen, 90 l Wein, 22 l Alkoholika bis 22%.

Bei Reisen in oder durch die Schweiz (Drittland) dürfen zollfrei 1 Stange Zigaretten, 1 l Spirituosen über 22% oder

Oben: *Stilleben mit Gondolierehut*

Mitte: *Masken und Meeresfrüchte – Spezialitäten Venedigs*

Unten: *Das Warten lohnt sich – denn zu einem Venedigbesuch gehört einfach eine Gondelfahrt*

2 l Spirituosen unter 22 % und zusätzlich 2 l Wein zollfrei über die Grenze gebracht werden.

Geld

Die italienische Währungseinheit ist die **Lira** (Lit.). Die Einfuhr von Lire und Devisen ist uneingeschränkt möglich, die Ausfuhr bis zu 20 Mio. Lire gestattet. Für höhere Beträge ist eine Deklaration bei der Einreise und eine Zollbewilligung bei der Ausreise nötig.

Im Umlauf sind Noten zu 1000, 2000, 5000, 10 000, 50 000 und 100 000 Lire sowie Hartgeld zu 50, 100, 200 und 500 Lire.

Euroschecks (pro Scheck max. 300 000 Lire) und *Kreditkarten* werden in Banken, in Hotels und in vielen Geschäften akzeptiert.

An zahlreichen *EC-Geldautomaten* kann Geld rund um die Uhr abgehoben werden. Von *Postsparbüchern* kann man gegen Vorlage eines Personalausweises bis zu 1 Mio. Lire bekommen.

Tourismusämter in Venedig

Azienda di Promozione Turistica di Venezia (Zentrale)

Calle del Rimedio 44 21, Castello, Tel. 5 29 87 11, Fax 5 23 03 99

Uffici Informazioni Assistenza Turistica (I. A.T) (Auskunftsbüros)

Palazzetto Selva, San Marco, Tel. 5 22 63 56

Stazione S. Lucia, Tel. 5 29 87 27

Aeroporto Marco Polo/Tessera, Tel. 5 41 58 87

Lido, Gran Viale S. M. Elisabetta, Tel. 5 26 57 21

ACI (Automobile Club d'Italia), Piazzale Roma 518/A, Tel. 5 20 03 00

Notrufnummern und Adressen

Polizeinotruf, Unfallrettung: 113

Polizei (Carabinieri): 112
Feuerwehr (Vigili del Fuoco): 115

Polizeihilfe für Ausländer (Pronto Intervento Stranieri): 5 20 47 77

Straßenhilfsdienst des ACI: 116 (auch mehrsprachig)

Bei *Autopannen* leistet der **ACI-Pannendienst** (Soccorso Stradale), Tel. 116, rund um die Uhr Hilfe.

Man beachte die *gelben Notrufsäulen* an den Autobahnen (ca. alle 2 km).

ADAC-Notrufstation für Italien in Mailand, Tel. 02/66 10 11 06

ADAC-Notrufzentrale München, Tel. (00 49) 89/22 22 22

ADAC-Ambulanzdienst München, Tel. (00 49) 89/76 76 76.

Ärztliche Versorgung

Krankenwagen: Tel. 5 23 00 00

Ärztlicher Notdienst
Ospedale Civile: Tel. 5 29 45 17
Piazza San Marco: Tel. 5 28 63 46

Fundbüros (Uffici Oggetti Smarriti)

Municipio di Venezia, Palazzo Farsetti-Loredan, unweit der Rialtobrücke: Tel. 2 74 82 25

Flughafen: Tel. 2 60 64 36

Eisenbahn: Tel. 78 52 38

Schiffahrt: Tel. 2 72 21 79

Bus: Tel. 2 72 28 38

Diplomatische Vertretungen

Konsulat der Bundesrepublik Deutschland
Campo S. Sofia 4201, Cannaregio, Tel. 5 23 76 75

Österreichisches Konsulat
Fondamenta S. Andrea 251, S. Croce, Tel. 5 24 05 56

Schweizer Konsulat
Campo S. Agnese 810, Dorsoduro, Tel. 5 22 59 96 und 5 20 39 44

Besondere Verkehrsbestimmungen

Tempolimits (in km/h)

Österreich: Im Ortsbereich Pkw 50, auf Landstraßen Pkw ohne Anhänger 100, mit Anhänger 80, auf Autobahnen mit Anhänger 100, ohne Anhänger 130 km/h.

Schweiz: Im Ortsbereich 50, auf Freilandstraßen mit und ohne Anhänger 80, auf Autobahnen mit Anhänger 80, ohne Anhänger 120 km/h.

Italien: Im Ortsbereich 50, auf Freilandstraßen mit Anhänger 70, ohne Anhänger 80, auf Autobahnen mit Anhänger 80, ohne Anhänger 130 km/h.

Für Autobahnen besteht in Österreich *Mautpflicht.* Für Pkw gibt es 3 verschiedene Arten von Vignetten für unterschiedliche Fahrzeugklassen: für 1 Jahr, für 2 Monate, für 10 Tage. Man erhält die Aufkleber bei Tankstellen, Trafiken und Postämtern.

Es besteht **Gurtanlegepflicht** und für Zweiradfahrzeuge **Sturzhelmpflicht**. Kinder unter 12 Jahren müssen auf dem Rücksitz befördert werden.

Die **Promillegrenze** liegt in Österreich bei 0,5 ‰, in der Schweiz und Italien bei bei 0,8 ‰. **Parkverbot** gilt bei schwarz-gelben Bodenmarkierungen.

Wichtig: Jede Ladung, die nach hinten überragt, muß mit einer 50 × 50 cm großen rot-weiß-roten reflektierenden *Warntafel* (ggf. mit Rückstrahlern) versehen sein. Keine Ladung darf über die Vorderkante des Fahrzeugs hinausragen.

Adressen finden

In Venedig wird bei Adressenangaben sehr oft lediglich der Name des Stadtteils und die jeweilige Hausnummer, nicht aber der Straßenname aufgeführt. Man will damit Verwechslungen vorbeugen, da gleiche Straßennamen oft in mehreren Stadttteilen existieren.

Beim Auffinden von Adressen hilft die ›Guida toponomastica‹, die es im Buchhandel zu kaufen gibt.

Bezeichnungen, die man aber dennoch kennen sollte, um sich besser orientieren zu können:

Calle = lange, meist schmale Gasse

Calle del Traghetto = führt immer zu einem Kanal, aber nicht immer zu einem ›traghetto‹, einer Gondelfähre.

Callessa = eine sehr schmale Gasse

Canal(e) = Kanal; ohne e nur beim Canal Grande

Campo = meist Platz vor einer Kirche, deren Name er trägt

Campiello = Plätzchen

Corte = von Gebäuden umstandener Hof

Fondamenta = Straße entlang eines Kanals

Piazza = es gibt nur eine, die Piazza San Marco

Piazzetta = es gibt nur zwei, zwischen Dogenpalast und Libreria sowie zwischen Markuskirche und Uhrturm

Ponte = alle Brücken, auch wenn sie nur Brücklein sind

Rio = Kanal

Auf Frachtbooten kommen die Waren von der Gemüseinsel S. Erasmo

Rio Terrà = zugeschütteter Kanal

Ruga = Geschäftsstraße

Rughetta = kleine Geschäftsstraße

Salizada (auch Salizzada, in Venedig jedoch meist mit einem ›z‹ geschrieben) = Hauptstraße eines Viertels

Sottoportego = Passage oder Unterführung

Anreise

Auto

Die wichtigsten **Routen** aus *Deutschland* führen über Österreich und die Brennerautobahn A 22, die bei Verona auf die A4 Mailand–Venedig trifft. Oder über die Tauernautobahn und weiter über die A 23, die bei Palmanova auf die A 4 Venedig–Triest stößt.

Die Anreise aus der bzw. über die *Schweiz* erfolgt via Splügenpaß, St.-Gotthard-Tunnel oder Simplonpaß nach Mailand und über die A 4 nach Venedig.

Die *österreichischen* und die *Schweizer Autobahnen* sind **mautpflichtig** (Vignetten an den Grenzstationen).

Die **Autobahngebühren** in Italien werden nach fünf Kategorien und einzelnen Teilstücken berechnet. Die Maut wird bei der Autobahnabfahrt in Lire oder Fremdwährung bezahlt. Besitzer der *Via-*

card (beim ADAC, in Italien bei Banken, Sparkassen und an Kiosken umgerechnet für ca. DM 45 bzw. DM 90 erhältlich) werden an vielen Mautstellen auf eigenen Fahrspuren bargeldlos abgefertigt.

Autobahn-Tankstellen sind durchgehend geöffnet, die meisten übrigen Tankstellen Mo–Fr 7–12.30 und 15–19 Uhr. Am Wochenende machen sie Schichtdienst. Auf Hauptstrecken gibt es *SB-Tankstellen*, die Geldscheine zu 10 000 und 50 000 Lire annehmen.

Parkplätze

Isola del Tronchetto
Zufahrt vom Festland über den Ponte della Libertà. Parkplätze und Garagen ganzjährig 24 Std. geöffnet. Gebührenpflichtig. Anschluß ins Zentrum: Vaporettolinien 3, 4, 82.

Piazzale Roma
Parkplätze und Garagen ganzjährig, 24 Std. geöffnet. Gebührenpflichtig. Anschluß ins Zentrum: Vaporettolinien 1, 82.

Mestre-Fusina und Mestre-San Giuliano
Parkplätze nur in der Hauptsaison geöffnet. Gebührenpflichtig. Anschluß ins Zentrum: Motorboot zu den Zattere oder Bus bis Piazzale Roma.

Bahn

Bahnreisende kommen an der *Stazione di S. Lucia* an. Vaporettoverbindung ins Zentrum: Linien 1, N (nachts), 3, 4, 82.

Auskunft: Ferrovie dello Stato, Tel. 14 78-8 80 88

Flugzeug

Der *Aeroporto Internazionale Marco Polo* in Tessera befindet sich am Ostrand der Lagune, etwa 13 km von Venedig entfernt. Verbindungen ins Zentrum: Autobus Nr. 5 zur Piazzale Roma und Motoscafo zur Piazza San Marco. Am schnellsten, aber auch am teuersten ist eine Fahrt mit dem Wassertaxi.

Auskunft: Tel. 2 60 92 60

Bank, Post, Telefon

Bank

Geldwechsel ist bei allen Banken und Sparkassen Mo–Fr 8.30–13.30 und 14.35–15.35 Uhr möglich.

Wechselstuben findet man am Bahnhof, am Flughafen und an der Piazzale Roma. Öffnungszeiten 8–20 Uhr.

Beim Geldwechsel ist die Vorlage eines *Personaldokuments* erforderlich.

Post

Hauptpostamt: Poste Centrali Rialto, Fondaco dei Tedeschi (8–19 Uhr geöffnet). Öffnungszeiten der übrigen Postämter Mo–Fr 8.15–14, Sa 8.30–12 Uhr.

Briefmarken (*francobolli*) kauft man in Tabakläden (*tabacchi*) und in Geschäften, die das Monopolzeichen T über der Tür führen. Das **Porto** für Auslandsbriefe und Postkarten in EU-Länder beträgt 750, in Nicht-EU-Länder 850 Lire.

Telefon

Am Bahnhof, am Flughafen, bei der Hauptpost und an der Piazzale Roma gibt es öffentliche Telefonämter.

Zum Telefonieren aus Telefonzellen und Bars (durch gelb-schwarze Wählscheiben kenntlich gemacht) benötigt man **Geldmünzen** zu 100, 200 und 500 Lire, **Telefonmünzen** (*gettoni*) zu 200 Lire oder eine **Telefonkarte** (*scheda telefonica*) zu 5000, 10 000 oder 15 000 Lire, die man an den Schaltern SIP, in Tabakläden, an Zeitungskiosken oder auf Bahnhöfen erhält.

Vorwahl **nach Deutschland**: 00 49, **nach Österreich** 00 43, **in die Schweiz** 00 41

Vorwahl Venedigs von Deutschland, der Schweiz und Österreich 00 39/41.

Mobiltelefone können im A 1-, C- und D-Netz benutzt werden.

Einkaufen

Öffnungszeiten: in der Regel Di–Sa 9–18.30, Mo 13–18.30 Uhr

Hauptgeschäftsstraßen sind die Mercerie zwischen San Marco und Rialto, die Calle Vallaresso, Calle Frezzeria und Calle Larga XXII Marzo.

Antiquitäten und Antiquariate

Antichità Santomanco della Toffola, Frezzeria 1504, San Marco. Schönes altes Silber.

Casselati, Calle Larga XXII Marzo 2404, San Marco. Reiche Auswahl an Antiquitäten.

Exklusiv im ›Trois‹ am Campo San Maurizio: erlesene Stoffe nach den traditionellen Mustern und Farben des Künstler-Designers Fortuny

Cassini, Calle Larga XXII Marzo 2424, San Marco. Wertvolle alte Bücher und alte Stiche.

Contini, Campo San Stefano 2765, San Marco.

Germano und Marco Lachin, San Samuele 3335, San Marco. Venezianische Möbel, Spiegel, Gläser.

L' Ixa, Campo San Stefano 2958, San Marco. Sammlerstücke, antike Gläser.

Beppe Patitucci, Campiello della Feltrina 2511, San Marco.

Tolotti, S. Maria del Giglio 2520, San Marco. Venezianische Möbel.

L. Zardin, Campo S. Margherita, Dorsoduro. Möbel aus dem 18. Jh.

Buchhandlungen

Fantoni, Salizada San Luca 4119, San Marco. Prächtige Kunstbücher.

Filippi, Calle della Bissa 5458, San Marco. Venedig-Literatur.

Serenissima, Merceria San Zulian 739, San Marco. Modernes Antiquariat.

Delikatessen

Aliani, Ruga Rialto 654, San Polo. Käse, norditalienische Spezialitäten.

La Fonte dell'Olio, Calle San Provolo 4963, San Marco. Olivenöle aus bester Ernte.

Il Fornaio, Calle San Luca 4579, San Marco. Nudeln in allen Formen und Farben.

Fratelli Milani, Frezzeria 1586, San Marco. Brot und Gebäck vom Feinsten.

Pasticceria Fratelli Spagnol, Ponte Madonnetta, San Polo 1463–1465. Berühmt für ihre Kuchen und Dolci.

Pasticceria Marchini, Ponte San Maurizio, San Marco. Gerühmter Bäcker.

Glas

TOP TIP

Battiston, Calle Vallaresso 1320, San Marco. Gläser von renommierten Glasherstellern.

L'Isola, Campo San Moisè 1468, San Marco. Formschönes Glas.

MA. RE. Renato di Mazoni, Calle Larga XXII Marzo 1820, San Marco. Edle Auswahl an Muranoglas.

Mnemosine, San Marco 3149. Nachbildungen antiker Amphoren, Vasen aus gerauhtem Muranoglas.

Salviati, Piazza San Marco 195, Canal Grande, Dorsoduro. Feinstes Muranoglas und Spiegel in einem alten Palazzo.

Venini, Piazzetta dei Leoncini 314, San Marco. Formvollendete Gläser, Handwerkskunst.

In Murano:
Ars Cenedese Murano, Fondamenta Venier 48. Künstlerisches Glas im alten und modernen Stil.

Vivarini, Fondamenta Serenella 5/6. Traditionelle Glaskunst.

Juwelen und Schmuck

Giordan, Piazza San Marco. Schmuck und Spezialitäten aus Horn.

S. Nardi, Piazza San Marco 68–71a. Prominentenjuwelier. Sein Markenzeichen ist der Mohr von Venedig.

Paolo Scarpa, Merceria San Salvador 4850, San Marco. Antiker Ethnoschmuck.

Vesco, Piazza San Marco 75–76. Exklusive Kreationen.

Haute Couture

Rund um San Moisè sind alle großen italienischen Modemacher vertreten. Oft geben sie am Ende der Saison große Preisnachlässe.

Giorgio Armani, Elysée, Frezzeria 1693 und Calle Goldoni 4412, San Marco.

Laura Biagiotti, Boutique Venezia, Calle Larga XXII Marzo 2400, San Marco.

Dolce & Gabbana, Calle Vallaresso 1314, San Marco.

Fendi Boutique, Salizada San Marco 1474, San Moisè.

Gianfranco Ferrer, Calle Larga 287, San Marco.

Missoni, Calle Vallaresso 1312, San Marco.

Trussardi, San Marco 695 und 670.

Valentino, Salizada San Moisè, San Marco.

Gianni Versace, Calle Larga XXII Marzo 2359 und Frezzeria San Marco 1725, San Marco.

Marmorpapier

Handbedrucktes Marmorpapier, hergestellt in einer wunderschönen alten Technik, ist besonders beliebt.

Ebrù, Calle della Fenice 1920, San Marco.

Top Tip **Legatoria Piazzesi**, Ponte della Feltrina 2511, San Marco. Verarbeitetes Marmorpapier.

Paolo Olbi, Calle della Mandola 3653, San Marco.

Masken

Das Angebot reicht von kitschiger Massenware bis zu kunsthandwerklichen Produkten.

Livio di Marchi, Salizada San Samuele 3157, San Marco. Prachtvoll geschnitzte Holzmasken. Schmuck aus Edelholz.

Top Tip **Mondonovo**, Rio Terrà Canal 3063, Dorsoduro. Künstlerische Kreationen.

Schuhe und Lederwaren

Venedig besitzt einige exquisite Geschäfte.

Bottega Veneta, Calle Vallaresso 1338, San Marco.

Casella, San Marco 5048.

Fendi, Salizada San Moisè 1474, San Marco. Eleganz und Ideen.

Magli, Frezzeria 1583/85, San Marco. Riesenauswahl an klassischer italienischer Schuhmode.

Mori & Bozzi, Strada Nova 3822, Cannaregio. Für alle, die Ausgefallenes lieben.

Stoffe

Bevilaqua, Calle della Canonica 5337b, San Marco. Stoffe und Seidengobelins auf alten Webstühlen gefertigt.

Lorenzo Rubelli, Campo San Gallo 1089–1090, San Marco. Nobles Leinen.

Trois, Campo San Maurizio 2666, San Marco. Exklusive Stoffe nach Fortunymustern.

Venetia Studium Delphos, Calle Larga XXII Marzo 2403, San Marco. Top Tip

Spitzen und Handarbeiten

Zarte Kunstwerke aus Burano und Pellestrina.

Cenerentola, Calle dei Saoneri 2721, San Polo. Exquisites Handgesticktes. Top Tip

Frette, Calle Larga XXII Marzo 2070, San Marco. Elegante Tisch-, Bett- und Badwäsche mit handgearbeiteten Spitzen.

Jesurum, Ponte della Canonica 4310, San Marco. Spitzen (nicht nur handgemacht) in allen Variationen und Verarbeitungen.

Laces, Piazza San Marco 20. Handgearbeitetes Leinen, exquisite Bett- und Tischwäsche.

Maria Mazzaron, Fondamenta dell' Osmarin 4970, Castello. Edle Spitze aus eigenem Atelier.

Essen und Trinken

Das **Frühstück** (*prima colazione*) spielt in Italien eine eher untergeordnete Rolle. Italiener trinken meist nur einen *caffè* (Espresso) oder einen *cappuccino* (Milchkaffee) und essen ein *brioche* oder ein *cornetto* (Teighörnchen) in einer Bar. Der **kleine Hunger zwischendurch** wird in Bars, kleinen Cafés, in Osterie und in den beliebten einfachen *Bàcari* (Kneipen) mit *cicheti*, kleinen Häppchen, oder *tramezzini*, dreieckigen Weißbrotsandwiches, und einer *ombra* (Schatten), einem kleinen Gläschen (1 dl) Wein oder Prosecco, gestillt.

Auch das **Mittagessen** (*colazione* oder *pranzo*) ist eine leichte Mahlzeit, die häufig in *Pizzerie* oder in *Bàcari* eingenommen wird.

In Restaurants (*ristoranti*) serviert man das Mittagessen frühestens ab 12.30 Uhr. Es wird erwartet, daß der Gast eine kleine Vorspeise, einen Hauptgang und ein Dessert ißt. Zu den Preisen auf der Speisekarte kommt noch ein Betrag für *pane e coperto* (Brot und Gedeck) und ein Bedienungszuschlag von 10 bis 15 % hinzu.

Die wichtigste Mahlzeit ist das **Abendessen** (*cena*). Es besteht meist aus einer kalten Vorspeise (*antipasto*), Suppe oder einem Nudelgericht (*primo piatto*), Hauptgang aus Fisch oder Fleisch (*secondo piatto*). Als Abschluß nimmt man Obst *(frutta)*, ein süßes Dessert *(dolce)* oder Käse *(formaggio)*. Das Abendessen wird ab 19.30 Uhr serviert.

Cafés, Pasticcerie, Gelaterie

Causin, Campo S. Margherita 2996, Dorsoduro. Eis vom Feinsten.

Nouvelle cuisine alla Veneziana

In Venedig kocht man seit Jahrhunderten nach den Kriterien der ›Nouvelle cuisine‹. Mit fangfrischen Fischen und Meeresfrüchten aus der Pescheria, mit Kräutern und Gemüsen – und hier am liebsten mit den allerfrühesten (primizie), die auf den Laguneninseln geerntet werden – aus der Erberia. Nicht die Fleisch-, sondern die **Fischküche** *rangiert bei den Venezianern an erster Stelle.*

Kulinarische Phantasie *ist angesagt: So färbt der Tintenfisch den Risotto schwarz (Risotto nero), durch die Hinzufügung von Safran wird er gelb. Spaghetti werden bisweilen mit einer Anchovissauce serviert, in der Lasagnette stecken Meeresfrüchte, die Tagliolini werden mit Scampi gefüllt, die Soffiatelli von schwarzen Trüffeln begleitet und die Taglierini von Seespinnen (Grancevole). Man delektiert sich an Stabmuscheln (Cape lunghe), Miesmuscheln (Cozze) im Weißweinsud, in Ingwer gedünsteten Venusmuscheln (Vongole), Jakobsmuscheln (Cape sante), an Krabben (Molechi), an Meerestrüffeln (Tartuffi di mare), Heuschreckenkrebsen (Canoce), gekochten Moschuskraken (Folpetti) und marinierten Sardellen (Sardelle in saor).*

Köstlich sind die **klassischen Fischgerichte:** *die gegrillte Seezunge (Sogliola alla griglia), der Seeteufel vom Grill (Coda di rospo alla graticola), die geschmorten Tintenfische mit Polenta (Seppie in umido con polenta) und natürlich die Frittura mista auf venezianische Art, das knusprige Fischallerlei mit Kräutersauce.*

Das Angebot an typisch venezianischen **Fleischgerichten** *ist eher bescheiden: Auf den Speisekarten findet man u. a. Kalbsschnitzel in Gorgonzolacreme (Piccata di vitello), Kalbsleber mit Zwiebeln (Fegato alla Veneziana), Hasenfrikassee (Fricassea di coniglio) oder Schmorbraten mit Wein (Pastissada).*

Reis *bildet die Basis für viele leckere Risotti mit Meeresfrüchten, Pilzen, Kräutern und jungen Gemüsen (di primavera), mit kleinen Artischocken (Carciofini) oder in Verbindung mit Erbsen (Risi e bisi).*

Maisgrieß *bildet den Grundstock für die variantenreiche* **Polenta**, *die zusammen mit Stockfisch (Baccalà), kleinen Krabben (Schiè), geschmortem Aal (Anguilla), mit Fleischragouts (al ragù) und Pilzen auf den Tisch kommt.*

Typische **Süßspeisen** *(Dolci) sind, neben Tiramisù, das von hier aus um die Welt ging, eine Baisertorte mit Vanille (La Meringata) und gekochte, in Zuckersirup getauchte Früchte (Frutta cotta).*

Das Gritti-Palace-Hotel hält zwei- bis dreitägige **Kochkurse** *ab, in denen den Teilnehmern exklusive venezianische Küche nahegebracht wird.*

Verführung alla Veneziana: kaum jemand wird diesen kleinen Köstlichkeiten widerstehen können – und sicher auch nicht wollen

Chioggia, Piazzetta San Marco 11. Von diesem Café aus hat man den besten Blick über den Bacino di San Marco, auf die Fassade des Dogenpalastes und die Markuskirche.

Caffè Florian, Piazza San Marco 56/59. Berühmt, stilvoll, teuer, ein Logenplatz in prominenter Umgebung.

Harry's Dolci, Fondamenta San Biagio 773, La Giudecca. Exquisite Kuchen, Törtchen und venezianisches Gebäck.

Caffè Lavena, Piazza San Marco 133/134. Traditionell, edel, teuer.

Gelateria Paolin, Campo San Stefano 2962, San Marco. Älteste Eisdiele Venedigs.

Caffè Quadri, Piazza San Marco 120. Lüster, Spiegel, Kunsthandwerk. Prachtvoller Ausblick vom Restaurant im 1. Stock.

Rosa Salva, Campo San Luca 4589, San Marco. Lieblingstreff der Venezianer.

Osterie

Al Bacco, Fa delle Capucine 3054, Cannaregio. Meeresfrüchte im Ambiente einer alten Osteria.

Alle Botteghe, Calle delle Botteghe 3454, San Marco. Riesenauswahl an Cicheti.

Osteria da Fiore, Calle del Scaletèr 2202 a, San Polo, Tel. 72 13 08. Elegantes Lokal in einer uralten, finsteren Gasse. Raffiniert zubereitete Fische.

Al Milion, Corte del Milion 5841, Cannaregio, Tel. 5 22 93 02. Köstlichkeiten aus der Fischküche.

Bar Torino, Campo San Luca 4591, San Marco. Berühmt für seine Tramezzini.

Luxusrestaurants

Alla Colomba, Piscina della Frezzeria 1665, San Marco, Tel. 5 22 11 75. Wunderbares Essen und wunderbare Gemäldesammlung

Antico Martini, Campo San Fantin 1983, San Marco (neben dem Teatro La Fenice), Tel. 5 22 41 21. Luxusrestaurant im alten Palast des Admirals Vettor Pisani. Delikates in elegantem Ambiente. Beste Plätze auf der Sommerterrasse.

Cipriani, La Giudecca 10, Tel. 5 20 77 44. Hotelrestaurant. Luxuriös, stilvoll, klassische Küche.

Club del Doge (Hotel Gritti Palace), Campo S. Maria del Giglio 2467, San Marco. Tel. 79 46 11 o. 5 22 60 44. Terrassenrestaurant über dem Canal Grande. Gute italienische Küche.

Da Leoni (Hotel Londra Palace), Riva Schiavoni 4171, Castello. Tel. 5 20 05 33. Herrliche Aussicht über das Becken von San Marco. Traditionelle venezianische Küche.

Do Forni, Calle dei Specchieri 457, San Marco, Tel. 5 23 77 29. Prominententreff, internationale Gäste.

Harry's Bar, Calle Vallaressa 1323, San Marco. Eleganter Speisesaal über der weltberühmten Bar.

La Caravella (Hotel Saturnia e Internazionale), Calle Larga XXII Marzo 2396, San Marco, Tel. 5 20 89 01. Seefahrerambiente. Internationale Küche und heimische Spezialitäten.

Locanda Cipriani, Torcello 29, Tel. 73 01 50. Beliebtes, durch Hemingway ›geadeltes‹ Restaurant.

TOP TIP **Terrazza Danieli**, Riva degli Schiavoni 4191, Castello, Tel. 5 22 64 80. Luxuriöses Terrassenrestaurant in der Hotellegende.

Venezianische Küche

Ai Gondolieri, San Vio 366, Dorsoduro, Tel. 5 28 63 96. Für Fleisch- und Gemüseliebhaber.

Al Graspo de Ua, Campo San Bartolomeo 5094, San Marco, Tel. 5 22 36 47. Hier essen Venezianer gerne.

TOP TIP **Al Mascaron**, Calle Lunga 5225, Castello, Tel. 5 22 59 95. Beliebtes Folklorerestaurant mit venezianischen Spezialitäten.

Alla Borsa, Calle delle Veste 2018, San Marco. Traditioneller Künstlertreff in der Nähe des Teatro Felice.

Antica Locanda Montin, Fondamenta delle Eremite 1147, San Trovaso, Dorsoduro, Tel. 5 22 71 51. Historisches Haus. Einfaches Restaurant mit Tischen unter Bäumen. Wunderschöner Garten.

Antica Trattoria Poste Vecie, Pescheria, San Polo, Tel. 72 18 22. Ältestes Restaurant Venedigs (16. Jh.) direkt am Rialto-Fischmarkt. Garantiert frischer Fisch und andere Meeresfrüchte.

Antico Pignolo, Calle Specchieri 451, San Marco, Tel. 5 22 81 23. Angenehmes Restaurant im Zentrum, traditionelle venezianische (und internationale) Küche.

Da Ivo, Ramo dei Fuseri 1809, San Marco, Tel. 5 20 58 89. Elegante Bistroatmosphäre mit Bildern, Kerzen und viel Kupfer.

Da Raffaele, Ponte delle Ostreghe 2347, San Marco, Tel. 5 23 23 17. Hübsch sitzt man draußen am Wasser.

TOP TIP **Hosteria da Franz**, Fondamenta San Isepo 754, Castello, Tel. 5 22 08 61. Fangfrische Spezialitäten aus der Lagune. Kleines Lokal unweit des Biennale-Geländes.

Trattoria alla Madonna, Calle della Madonna 594, San Polo, Tel. 5 22 38 24. Einfache venezianische Küche.

Vini da Gigio, Fondamenta di San Felice 3628 a, Cannaregio, Tel. 5 28 51 40. Köstliches aus der Lagune und exzellente Weine.

Feste und Feiern

In ganz Italien gelten der 1. und 6. Januar, Ostersonntag (*Pasqua*) und Ostermontag (*Pasquetta*), der 25. April (Fest der Befreiung), der 1. Mai, 15. August (*Ferragosto*), 1. November, 8. Dezember (Mariä Empfängnis), 25. und 26. Dezember als gesetzliche Feiertage.

Das ganze Jahr über findet eine Fülle von termingebundenen, immer wiederkehrenden **Festen** und **Veranstaltungen** statt. Im folgenden eine Auswahl der wichtigsten Ereignisse.

Januar

Regata delle Befane (6. 1.): Regatta auf dem Canal Grande. *Corso delle Befane* (6. 1.): Volkslauf auf dem Lido.

Februar/März

Carnevale di Venezia (Beginn ca. 14 Tage vor Aschermittwoch): Festtrubel mit Maskenbällen, Theateraufführungen und buntem Treiben auf Gassen und Plätzen.

Su e zo per i ponti (2. Märzsonntag): Rundlauf von und bis zur Piazza San Marco über die Brücken und durch alle Sestieri.

April

Festa di San Marco (25. 4.): Der Tag des Stadtpatrons beginnt mit einer eindrucksvollen Prozession und einem feierlichen Hochamt in der Basilica di San Marco. Nachmittags Volksfest auf dem Markusplatz und Regata dei Traghetti auf dem Canal Grande.

Mai/Juni

Festa della Sensa (Sonntag nach Christi Himmelfahrt): Zur Erinnerung an die Unterwerfung der istrischen und dalmatinischen Städte durch die Venezianer unter Führung des Dogen Pietro Orsiolo im Jahr 1000 wird die Vermählung des Dogen mit dem Meer gefeiert [s. S. 80]. Dann findet eine nostalgische Schiffsprozession des ›Bucintoro‹ im Geleit historischer Schiffe zum Lido statt.

Vogalonga (Mitte Mai): Rudermarathon auf dem Canal Grande.

Biennale d'Arte (Juni–Okt., in Jahren mit geraden Jahreszahlen): Internationale Kunstausstellung im Stadtteil Castello.

Regatta zu Ehren der hll. Johannes und Paul (29. 6.).

Juli

Regatta von Murano (1. Julisonntag): Malerische Gondelregatta auf der Glasbläserinsel.

Festa del Redentore (3. Julisonntag): Ungemein farbenprächtiges Volksfest mit lampiongeschmückten Booten, Musik, Essen, Trinken und Feuerwerk zur Erinnerung an das Ende der Pest 1576 [s. S. 113]

August

Festa della Madonna di Pellestrina (1. Augustsonntag): Regatta.

September

Regata Storica (1. Septembersonntag): Regatta historischer Boote mit Besatzungen in traditionellen Kostümen auf dem Canal Grande. Ruderwettkämpfe.

Ruderregatta von Burano (3. Septembersonntag): Historische Regatta mit anschließendem Polenta- und Fischessen.

Internationale Filmfestspiele am Lido (Anfang September).

Oktober

Venice Marathon (zweiter oder letzter Oktobersonntag): Bootsmarathon vom Brentakanal nach Venedig zur Salute-Kirche.

Regata di S. Erasmo (1. Oktobersonntag): Regatta mit Volksfest auf der Gemüseinsel.

November

Festa della Madonna della Salute (21. 11.): In Erinnerung an das Pestgelübde von 1630 Prozession über die Pontonbrücke von S. Maria del Giglio zur Salute-Kirche.

Dezember

Feierliche *Gottesdienste* (25. und 26. 12.) in der Basilica di San Marco.

Klima und Reisezeit

Durchschnittliche Lufttemperaturen von Dezember bis Februar 6°, im Frühling und Herbst ca. 17°, zwischen Mai und September 21°–27°C.

Schlechtwetterperioden vor allem zu Frühjahrsbeginn. Im Winter häufig Nebel, zuweilen sehr stürmisch mit Hochwasser, es kann aber auch Schnee fallen.

Klimadaten

Monat	Luft (°C)	Sonnen-std./Tag	Wasser (°C)
Jan.	5,8	2,6	9
Febr.	7,9	3,8	8
März	12,0	5,0	10
April	16,8	6,0	13
Mai	21,0	7,7	17
Juni	25,4	8,4	21
Juli	27,8	9,8	23
Aug.	27,6	8,5	24
Sept.	24,4	7,0	21
Okt.	18,3	5,4	18
Nov.	12,2	2,5	14
Dez.	7,3	2,7	11

Kultur live

Theater

Teatro All'Avogaria, Calle d'Avogaria 1617, Dorsoduro, Tel. 5 20 61 30. Vor allem Aufführungen in venezianischer Mundart. Vorverkauf telefonisch.

Teatro La Fenice, Campo San Fantin 1965, San Marco, Tel. 5 21 01 61, Fax 78 65 80. Das weltberühmte Opernhaus wird nach dem Brand wiederaufgebaut. Opernaufführungen finden aus diesem Grund im Teatro Palafenice, Isola del Tronchetto, statt.

Teatro Carlo Goldoni, Calle Goldoni 4650 b, San Marco, Tel. 5 20 54 22, Fax 5 20 52 41. Vorverkauf Mo–Sa 10–13, 16.30–19 Uhr.

Kino

Im wesentlichen italienische oder italienisch synchronisierte Filme.

Accademia, Calle Corfù 1018, Dorsoduro, Tel. 5 28 77 06.

Olimpia, Campo San Gallo 1094, San Marco, Tel. 5 20 54 39.

Palazzo del Cinema, Lido, Tel. 5 26 01 88.

Konzertkarten-Verkauf auf charmanteste Art

Konzerte

Das ganze Jahr über gibt es qualitätvolle Konzerte in Palästen und Kirchen.

Accademia di San Rocco, Konzerte im Tintoretto-Saal der Scuola Grande di San Rocco, San Polo, Tel. 96 29 99.

Palazzo Albrizzi, Cannaregio 4118, Tel. 5 23 25 44. Vorverkauf Mo–Fr 10–13, 15–17 Uhr.

Ca' Rezzonico, Salone del Tiepolo, San Barnabà, Dorsoduro, Tel./ Fax 5 24 11 43.

Scuola Grande San Giovanni Evangelista, San Polo 2469 a (Kammermusik).

Stimmungsvolle Musikveranstaltungen finden in Kirchen statt:

S. Maria della Pietà (Kirche Vivaldis), Riva degli Schiavoni, Castello, Tel. 5 23 10 96.

S. Maria Formosa, Campo S. Maria Formosa, Castello.

San Samuele, Campo San Samuele, San Marco, Tel. 5 24 22 32

Museen, Galerien und Kunstausstellungen

Biblioteca Nazionale Marciana, Piazzetta San Marco, Tel. 5 20 87 88, Mo–Fr 9–18.30, Sa 9–13 Uhr [Nr. 4].

Ca' Mocenigo, Salizada San Stae 1992, S. Croce, Tel. 72 17 98, Di–So 10–16 Uhr. Familienmuseum in beeindruckendem Ambiente [Nr. 23].

Centro Studi di Storia del Tessuto e del Costume, Ca' Mocenigo, San Stae 1992, S. Croce, Tel. 72 17 98, Do–So 10–16 Uhr. Kostümgeschichte im prachtvollen Ambiente eines Familienpalastes [s. S. 43].

Galleria d'Arte Moderna, Palazzo Pesaro, S. Croce, Tel. 72 11 27. Derzeit wegen Restaurierung geschlossen [Nr. 24].

Galleria Giorgio Franchetti, Ca' d'Oro, Calle di Ca' d'Oro, Cannaregio, Tel. 5 23 87 90, tgl. 9–14 Uhr. Skulpturen, Bronzen, Gemälde von Mantegna, Giorgione, Tizian und Guardi [Nr. 26].

Gallerie dell'Accademia, Campo della Carità, Dorsoduro, Tel. 52 22 47, Mo–Sa 9–19, So 9–14 Uhr. Weltberühmte venezianische Kunst vom 14. bis 18. Jh. [Nr. 45]

Museo Archeologico, Libreria Vecchia di San Marco, Piazza San Marco 52, Tel. 5 22 59 78, Mo–Sa 9–14, So 9–13 Uhr. Antike Kunst.

Museo Comunità Ebraica, Campo di Ghetto Nuovo 2902 b, Cannaregio, Tel. 71 53 59, Sa–Do 10–15.30 Uhr. Schöne Stoffe, Silberwaren, Kultgegenstände [s. S. 94].

Museo Correr, Ala Napoleonica, Piazza San Marco 25, Tel. 5 22 56 25, Mi–Mo 9–19 Uhr. Umfangreiche Sammlungen zur venezianischen Geschichte, Bildergalerie, wertvolle Venedigveduten, Arbeiten des Bildhauers Antonio Canova [Nr. 12].

Museo dell' Estuario, Palazzo del Consiglio, Torcello, Tel. 73 07 61, Di–So 10–12.30, 14–17.30 Uhr, Fei geschl. Entwicklungsgeschichte der Lagune [s. S. 120 f.].

Museo del' Settecento Veneziano, Ca' Rezzonico, San Barnabà, Dorsoduro, Tel. 2 41 85 06, Sa–Do 10–16 Uhr. Kunstgegenstände, Möbel, Arbeiten von Guardi, Canaletto, Tiepolo und Longhi [Nr. 44].

Museo di Storia Naturale, Fondaco dei Turchi, S. Croce 1730, Tel. 5 24 08 85. Derzeit wegen Renovierung geschlossen [Nr. 20].

Museo Diocesano, Ponte della Canonica, Castello, Tel. 5 22 91 66, Mo–Sa 10.30–12.30 Uhr. Liturgisches Gerät, Gemälde, Skulpturen [s. S. 76].

Museo Dipinti Sacri Bizantini, Ponte dei Greci 3412, Castello, Tel. 5 22 65 81, tgl. 9–13, 14–17 Uhr, Fei geschl. Ikonensammlung [s. S. 77].

Museo Fortuny, Palazzo Fortuny, Campo San Beneto 3780, San Marco, Tel. 5 20 09 05. Derzeit wegen Restaurierung geschlossen [Nr. 58].

Museo Marciano, Gallerie di Basilica di San Marco, Piazza San Marco, Tel. 5 22 52 05, tgl. 10–17 Uhr. Die berühmten Pferde von San Marco.

Museo Orientale, Palazzo Pesaro, S. Croce, Tel. 5 24 11 73, Di–So 9–14 Uhr. Stoffe, Kleider, Porzellan aus dem Orient [Nr. 24].

Museo Storico Navale, Arsenale 2148, Castello, Tel. 5 20 02 76, Mo–Fr 8.45–13.30, Sa 8.45–13 Uhr. Schiffsmodelle und Originalschiffe, Prachtgondeln, Festungsmodelle [Nr. 72].

Museo Vetrario di Murano (Glasmuseum), Isola di Murano, Fondamenta Giustiniani 8, Tel. 73 95 86, Do–Di 10–17 Uhr. Antikes Glas, Gläser aus Renaissance und Barock, Glaswaren des 18. Jh. [s. S. 118].

Pala d'Oro e Tesoro, Basilica di San Marco, Piazza San Marco, Tel. 5 22 56 97, Mo–Sa 9.30–17, So und Fei 13.30–17 Uhr. Vollendete Goldschmiedekunst und Kirchenschatz mit zahlreichen Reliquien [s. S. 31 f.].

Palazzo Cini, Collezione Vittorio Cini, S. Vio 864, Dorsoduro, Tel. 5 21 07 55. Auskunft über Öffnungszeiten einholen. Im Winter geschlossen. Silber, Keramiken, Gemälde toskanischer und ferraresischer Maler.

Palazzo Ducale, Piazzetta San Marco, Tel. 5 22 49 51, tgl. 8.30 -19 Uhr. Überreich mit Kunstwerken ausgestattete repräsentative Säle [Nr. 2].

Palazzo Labia, Salone del Tiepolo, Campo San Geremia, Cannaregio, Tel. 5 24 28 12. Telefonische Voranmeldung erbeten. Tiepolo-Gemälde [Nr. 18].

Peggy Guggenheim Collection, Palazzo Venier dei Leoni, San Gregorio 701, Dorsoduro, Tel. 5 20 62 88, Mi–Mo 11–18 Uhr. Klassische Moderne. Exklusive Kunst aus der 1. Hälfte des 20. Jh. [Nr. 46].

Pinacoteca Querini-Stampalia, Campo S. Maria Formosa 4778, Castello, Tel. 2 71 14 11, Di, Mi, Do, So 10–13, 15–18, Fr, Sa 10–13, 15–22 Uhr. Bedeutende Gemälde von Bellini, Palma, Ricci, Tiepolo und Longhi [Nr. 77].

Scuola Grande dei Carmini, Campo dei Carmini, Dorsoduro, Tel. 5 28 94 20, Mo–Sa 9–12, 15–18 Uhr. Deckengemälde von Tiepolo, Gemälde des Venezianers Antonio Zanchi [Nr. 99].

Scuola di Merletti Burano (Spitzenmuseum), Isola di Burano, Tel. 73 00 34, Di–Sa 10–16 Uhr. Feinste Spitzen in traditionellen und modernen Mustern [s. S. 119].

Scuola Grande di San Rocco, Campo San Rocco, San Polo, Tel. 5 23 48 64, Mo–Fr 10–13, Sa, So 10–16 Uhr. Weltberühmt durch ihre Tintoretto-Gemälde [Nr. 94].

Scuola di San Giorgio degli Schiavoni, Ponte dei Greci, Castello, Tel. 5 22 88 28, Mo–Sa 9.30–12.30, 15.30–18.30, So 9.30–12.30 Uhr. Bilderschmuck von Carpaccio [Nr. 68].

Nachtleben

Kasinos

Casino Municipale, Palazzo del Casinò, Lido, Tel. 76 70 54. Geöffnet Juni–Sept.

Casino Palazzo Vendramin-Calergi, Calle Larga Vendramin, Cannaregio, Tel. 5 29 71 11. Geöffnet Sept.–Juni.

Bars

Venedig ist keine Stadt für exzessive Nachtschwärmer. Italienische Bars sind oft Stehcafés, die man aufsucht, um zu trinken, zu schwatzen und Kleinigkeiten zu essen.

Casanova, Palazzo Vendramin-Calergi, Cannaregio, Tel. 72 04 44. Nachtclub neben dem im Winter hier untergebrachten Spielcasino.

Do Leoni, Riva degli Schiavoni 4171, Castello, Tel. 5 20 05 33. Elegante Piano-Bar.

Das muß sein – auf einen ›Bellini‹ oder einen ›Tiziano‹ in Harry's berühmte Bar!

Harry's Bar, Calle Vallaresso 1323, San Marco. Längst zur Legende gewordene Bar mit vielen weltberühmten Besuchern, meist übervoll. Ein Muß: den echten ›Bellini‹ und das ›Vero Carpaccio‹ kosten. Mo Ruhetag.

Margaret DuChamp, Campo S. Margherita 3019, Dorsoduro, Tel. 5 28 52 66. ›In‹-Treff.

Martini Scala Club, Calle del Cafetier 1980, 2007, San Marco, Tel. 5 22 41 21. Ab 22 Uhr. Leise Musik. Elegante Umgebung, links vom Teatro La Fenice. Di Ruhetag.

La Mansarde, Campo San Fantin 1916, San Marco, Tel. 5 22 10 52. Nachtbar in der Nähe des Opernhauses, Künstlertreff. Mo Ruhetag.

Diskotheken

Acropolis, Lungomare Marconi 22, Lido di Venezia, Tel. 5 26 04 66. Turbulent und teuer. Do, Fr, Sa ab 22 Uhr.

Club El Souk, Calle Corfù 1056 a, Dorsoduro, Tel. 5 20 03 71.

King's Club, Ca' Zorzi 165, Tessera, Tel. 5 41 55 30. Laut, junges Volk; in Flughafennähe.

Sport

Die meisten sportlichen Aktivitäten finden am Lido statt. Der *Centro Sportivo Turistico*, Lido, Piazzale S. M. Elisabetta (neben der Schiffsstation) informiert über alle Möglichkeiten, wie Baden, Reiten, Golf, Scheibenschießen, Segeln, Windsurfen und Tennis.

Stadtbesichtigung

Die Stadt im Wasser läßt sich auf zwei Arten erobern: auf **Vaporetto-** und **Gondelfahrten** oder **zu Fuß** auf schmalen, verschlungenen, unübersichtlichen Wegen, die malerische Einblicke in kaum Entdecktes gewähren.

Einen ersten Überblick bieten Fahrten mit dem Vaporetto über den Canale della Giudecca oder auf dem Canal Grande vom Bahnhof zum Markusplatz. Bei einer Fahrt mit einem Vaporetto der **Linie 1** oder der **Linie 52** kommt man an vielen Sehenswürdigkeiten vorbei und erhält einen ersten Eindruck von der Lagunenmetropole.

Stadtrundfahrten

Organisierte Stadt- und Lagunentouren, große und kleine Inselfahrten, nächtliche Gondelpartien etc. werden in großer Zahl angeboten.

Auskünfte und Buchungen

American Express Company, Salizada San Moisè 1471, San Marco, Tel. 5 20 08 44, Fax 5 22 99 37.

CIT Compania Italiano Turismo, Piazza San Marco 48/50, Tel. 5 28 54 80.

C.V.T. Compania Veneziano Turismo, 2590 San Marco, Tel. 5 22 19 00, Fax 5 22 45 52.

Gondola Viaggi, Cannaregio 4391 b, Tel. 5 22 28 08.

Gran Canal, Isola Tronchetto, Tel. 5 22 27 01, Fax 5 22 15 27.

Intras City Service, Piazza San Marco, Tel. 5 22 48 70, Fax 5 28 63 47.

V.I.P. Venice Incoming Promotion, 316 San Polo, Tel. 5 20 41 22.

Wagon Lits Turismo, Piazza Leoncini 289/305, San Marco, Tel. 5 22 34 05, Fax 5 22 85 08.

Statistik

Bedeutung: Venedig (Venezia Città) ist die Hauptstadt der italienischen Region Venetien.

Lage: 12° 2' östlicher Länge und 41° 25' nördlicher Breite.

Fläche: 13,5 km². Groß-Venedig besteht aus der historischen Inselstadt (*Centro storico*) im Zentrum der Lagune, aus den Inseln San Michele, Le Vignole, S. Erasmo, Murano, Burano, Torcello, kleineren Inseln in der südlichen Lagune, dem Stadtteil auf dem Lido und den Festlandgemeinden Marghera und Mestre.

Das historische Venedig und die Inseln liegen in einem seichten Binnenmeer von rund 40 km Länge und 15 km Breite.

Einwohnerzahl: In der elftgrößten Stadt Italiens leben 321 000 Einwohner, davon etwa 65 000 im historischen Zentrum.

Stadtgebiet: Venedig ist in Sestieri (Stadtsechstel) eingeteilt: San Marco, Castello, Cannaregio, S. Croce, San Polo und Dorsoduro (inklusive Giudecca und San Giorgio).

Verkehrsnetz: 400 Brücken verbinden die Stadtinseln. 12 Schiffslinien bedienen den Verkehr innerhalb der Stadt und zu den Inseln. Am Lido und in Mestre verkehren Autobusse.

Das Hotel Flora macht – wie man sieht – seinem Namen alle Ehre

Verwaltung: Groß-Venedig wird vom Magistrat (*giunta municipale*) verwaltet, dem ein Bürgermeister (*sindaco*) vorsteht.

Wirtschaft: Venedig lebt vor allem vom Fremdenverkehr und von den Einkäufen der Touristen. Außer den Glasfabriken in Murano und den Handwerksbetrieben in der Altstadt gibt es nur in Mestre und Marghera Industrie. Viele Venezianer pendeln täglich oder ziehen ihren Arbeitsplätzen nach.

Unterkunft

Luxushotels

Bauer-Grünwald, Campo San Moisè 1459, San Marco, Tel. 5 20 70 22, Fax 5 20 75 57. Prächtige Lage am Canal Grande.

Cipriani, Giudecca 10, Tel. 5 20 77 44, Fax 5 20 39 30. Wunderbar mit Blick auf das Ufer von San Marco gelegen. Schöne Gärten. Könige, Staatsmänner und Künstler zählen zu den Stammgästen dieser eleganten Luxusherberge.

Danieli, Riva degli Schiavoni 4196, Castello, Tel. 5 22 64 80, Fax 5 20 02 08. Seit 1822 im ehem. Palast des Dogen Dandolo untergebracht. Dachterrassen-Restaurant mit Traumblick über das Becken von San Marco.

Gritti Palace, Campo S. Maria del Giglio 2467, San Marco, Tel. 79 46 11, Fax 5 20 09 42. Luxusunterkunft im ehemaligen Palast des Dogen Andrea Gritti am Canal Grande.

**** Hotels

Amadeus, Lista di Spagna 227, Cannaregio, Tel. 71 53 00, Fax 71 33 50. Neues, zentral gelegenes Hotel. Einrichtung im venezianischen Stil des 18. Jh. Privater Garten.

Cavalletto & Doge Orseolo, San Marco 1107, Tel. 5 20 09 55, Fax 5 23 81 84. Dicht beim Markusplatz, Hotel seit 1308. Neu, elegant adaptiert.

Europa e Regina (Cigahotel), San Marco 2159, Tel. 5 20 04 77, Fax 5 23 15 33. Frisch renoviert, Palastambiente mit viel Marmor, Stuck und Muranoglas. Terrassenrestaurant am Canal Grande.

Gabrielli Sandwirth, Riva degli Schiavoni 4110, Castello, Tel. 5 23 15 80, Fax 5 20 94 55. Sorgfältig restaurierter alter Palazzo mit Aussichtsterrasse auf Lagune und Lido. Gartenrestaurant.

Londra Palace, Riva degli Schiavoni 4171, Castello, Tel. 5 20 05 53, Fax 5 22 50 32. ›Hundert Fenster zur Lagune‹. Komfortabel.

Monaco & Grand Canal, Calle Vallaresso 1325, San Marco, Tel. 5 20 02 11, Fax 5 20 05 01. Am Übergang vom Canal Grande in das Becken von San Marco. Schönes Restaurant ›Grand Canal‹.

Saturnia e Internationale (Steigenberger-Hotel), Calle Larga XXII Marzo 2398, San Marco, Tel. 5 20 83 77, Fax 5 20 71 31. Familienpalast der Pisani aus dem 14. Jh. Viel Eleganz mitten im Einkaufsviertel.

*** Hotels

Abbazia, Calle Priuli 68, Cannaregio, Tel. 71 73 33, Fax 71 79 49. Hotel in einem alten Klosterflügel, ruhig.

Pensione Accademia, Fondamenta Bollani 1058, Dorsoduro. Tel. 5 21 01 88, Fax 5 23 91 52. Alte Villa mit Charme und Gartengrün in der Nähe der Gallerie d'Accademia.

Carpaccio, Calle Corner 2765, San Tomà, Tel. 5 23 59 46, Fax 5 24 21 34. Am Canal Grande.

Do Pozzi, Calle Larga XXII Marzo 2373, San Marco, Tel. 5 20 78 55, Fax 5 22 94 13. Klein, komfortabel, liebenswürdig. Mitten im Einkaufsviertel.

Flora, Calle Larga XXII Marzo 2283, San Marco, Tel. 5 20 58 44, Fax 5 22 82 17. Zwei Gehminuten zum Markusplatz. Romantischer Garten.

Pensione La Calcina, Dorsoduro 780, Tel. 5 20 64 66, Fax 5 22 70 45, Traditionshaus mit herrlicher Frühstücksterrasse am Canale della Giudecca. Jedes der 29 Zimmer hat seinen eigenen Stil.

La Fenice e des Artistes, Campo La Fenice 1936, San Marco, Tel. 5 23 23 33, Fax 5 20 37 21. Alte Palazzi, ein hübscher Gartenhof, viel Charme.

Locanda Cipriani, Torcello 29, Tel. 73 01 50, Fax 735433. Schönes Landhaus mit legendärer Küche. Wenige Zimmer.

Rialto, Riva del Ferro, Ponte Rialto 5149, Tel. 5 20 91 66, Fax 5 23 89 58. Modern adaptiert, direkt neben der Rialtobrücke.

S. Marina, Campo S. Marina 6068, Castello, Tel. 5 23 92 02, Fax 5 20 09 07. Modern eingerichtet, unweit der Rialtobrücke.

Savoia & Jolanda, Riva degli Schiavoni 4187, Castello, Tel. 5 20 66 44, Fax 5 20 74 94. Angenehmes, modern ausgestattetes Haus an der Uferpromenade.

** Hotels

Agli Alboretti, Accademia 884, Dorsoduro, Tel. 5 23 00 58, Fax 5 21 01 58. In der Nähe der Gallerie d'Accademia.

Messner, Madonna della Salute 216/217, Dorsoduro, Tel. 5 22 74 43, Fax 5 22 72 66. Nahe der Salute-Kirche, Restaurant, Garten.

Seguso, Zattere 779, Dorsoduro, Tel. 5 28 68 58, Fax 5 22 23 40. Der äußere Schein trügt, innen freundlich, einfach und preisgünstig.

Hotels am Lido

Luxushotels

Des Bains, Lungomare Marconi 17, Tel. 5 26 59 21, Fax 5 26 01 13. Berühmtes Belle-Epoque-Hotel, großer Park, alle Sportmöglichkeiten.

Excelsior, Lungomare Marconi 41, Tel. 5 26 02 01, Fax 5 26 72 76. ›Tausendundeine Nacht‹-Atmosphäre, schön restauriert, mit maurischem Innenhof.

**** *Hotels*

Quattro Fontane, Via delle Quattro Fontane 16, Tel. 5 26 02 27, Fax 5 26 07 26. Große Villa mit viel Stil, malerischer Garten.

Villa Mabapa, Riviera San Nicolò 16, Tel. 5 26 05 90, Fax 5 26 94 41. Ruhig gelegen, behaglich, Gartenterrasse mit prächtigem Blick über die Lagune.

*** *Hotel*

Buon Pesce, Riviera San Nicolò 50, Tel./Fax 5 26 05 33. Ruhig gelegen, von Gärten umgeben, Panoramaterrasse.

Camping

Alba d'Oro,Via Triestina 214 b, Mestre, Tel. 5 41 51 02. April–Sept. geöffnet.

San Nicolò, Riviera San Nicolò, Lido, Tel. 26 74 15. Juni–Sept. geöffnet.

Jugendherbergen

Ostello S. Fosca, 2372 Cannaregio, Tel. 71 57 75. Juli/Sept. geöffnet.

Ostello Venezia, Giudecca, Tel. 5 23 82 11. Ganzjährig geöffnet.

Verkehrsmittel

Vaporetti (Linienboote)

Auskünfte: Azienda del Consorzio Trasporti Veneziani (ACTV), Bootsanlegestelle S. Angelo, Corte dell'Albero 3880, San Marco, Tel. 78 03 10.

Vaporetti sind die günstigsten Verkehrsmittel (Einzelfahrt 1300–2500 Lire). Die ACTV bietet verbilligte 24-Stunden- (*biglietto 24 ore*) und 3-Tage-Tickets (*biglietto 3 giorni*) an. Große Gepäckstücke werden extra berechnet.

Da die Vaporetto-Linien gelegentlich verändert oder eingeschränkt werden, ist ein bei der ACTV erhältlicher Fahrplan sehr dienlich.

Fahrscheine können entweder bei den Bootsanlegestellen (dort vor Antritt der Fahrt am Automaten entwerten!) oder auf dem Boot selbst erworben werden.

Motoscafi (Wassertaxis)

Geregelte Tarife vom Flughafen in die Stadt, zum Lido und zu den Inseln. Gebühr nach Taxameter im Centro Storico.

Rufnummern:
Aeroporto (Flughafen) Marco Polo, Tel. 5 41 50 84

Ferrovia (Bahnhof), Tel. 71 62 86

Piazzale Roma (Parkplatz), Tel. 71 69 22

Radio-Taxi, Tel. 5 22 23 03

Rialto, Tel. 5 23 05 75

San Marco, Molo, Tel. 5 22 97 50

Gondole (Gondeln)

Maximal 6 Personen können mit einer Gondel befördert werden. Die Preise sind festgesetzt (z. B. 120 000 Lire für 50 Minuten).

Standplätze:
Bacino Orseolo, Tel. 5 28 93 16

Calle Vallaresso, Tel. 5 20 61 20

Hotel Danieli, Riva degli Schiavoni, Tel. 5 22 22 54

Ferrovia, San Simeone Piccolo, Tel. 71 85 43

Isola Tronchetto, Tel. 5 23 89 19

Piazzale Roma, Tel. 5 22 05 81

S. Maria del Giglio, Tel. 5 22 20 73

San Marco, Molo, Tel. 5 20 06 85

S. Sofia, Cannaregio, Tel. 5 22 28 44

San Tomá, Tel. 5 20 52 75

Trinitá, Campo San Moisè, Tel. 5 23 18 37

Rialto, Riva Carbon, Tel. 5 22 49 04

Hochwasser
Bei ›Acqua alta‹ hängen an den Stationen der Städtischen Verkehrsbetriebe Stadtpläne aus, auf denen jene Gehsteige markiert sind, die der Besucher trockenen Fußes benützen kann. In vielen Hotels gibt man Gummistiefel aus, die vor nassen Füßen schützen.

Was gibt's Neues in Venedig? Lesestündchen des Gondoliere

Register

Bildnachweis: *AKG, Berlin:* 13, 14, 22, 39, 40 (oben), 45 (unten), 59, 61, 62, 73, 78 (oben), 82, 84 (oben), 91, 93, 98, 100, 101, 104 (2), 107, 110 (unten), 119 – *Agentur Anzenberger, Wien:* 111 (Toni Anzenberger), 112 (Anzenberger) – *Agentur Bilderberg, Hamburg:* 51 (oben, Thomas Ernstino) – *Andreas Braun, München:* 29 (oben) – *Rainer Hackenberg, Köln:* 7 (oben), 10/11, 18, 20, 32, 34, 37, 76, 88, 123 (Mitte rechts) – *Herbert Hartmann, München:* 26, 29 (unten), 33, 54/55, 75, 79, 114, 115 – *Horst Herzig, Groß-Gerau:* 87 – *Bildagentur Huber, Garmisch-Partenkirchen:* 16/17 (Simeone), 64/65 (Giovanni) – *Ladislav Janicek, München:* 19, 49, 109 – *Johannes Kautzky, Innsbruck:* 40 (unten), 43, 52, 64, 71, 97, 116 (unten) – *laif, Köln:* 36 (Dieter Klein), 47 (Klein), 58 (Klein), 83 (Klein), 92 (Klein), 94 (Klein), 105 (Klein), 116 (oben, Klein) – *Bildarchiv Steffens, Mainz:* 85 (Janicek) – *Süddeutscher Verlag – Bilderdienst, München:* 15 – *Axel Winkler, München:* 8/9, 38, 60, 63, 72 – *Ernst Wrba, Sulzbach/Taunus:* 9, 10 (unten), 23, 24, 25, 27, 30, 31, 42, 44/45, 46 (2), 50, 51 (unten), 53, 56, 57, 66, 67, 68, 69, 70, 77, 78 (unten), 81, 84 (unten), 89, 90, 95, 96, 99, 102, 103 (2), 106, 108, 110 (oben), 113, 117, 118, 120, 121, 122 (3), 125, 127, 130, 133, 135, 136, 138

In der ADAC-Reiseführer-Reihe sind erschienen:

Ägypten
Andalusien
Australien
Bali/Lombok
Barcelona
Berlin
Bodensee
Brasilien
Bretagne
Brüssel
Budapest
Burgund
Côte d'Azur
Dresden
Elsaß
Florenz
Florida
Gardasee
Gran Canaria
Hamburg
Irland
Israel
Italienische Adria
Italienische Riviera
Kalifornien
Kanada – Der Osten
Karibik
Köln
Kreta
Loire
London
Mallorca
Malta
Marokko
Mecklenburg-Vorpommern
Mexiko
München
Neuengland
New York
Norwegen
Oberbayern
Paris
Peloponnes
Portugal
Prag
Provence
Rom
Salzburg
Schottland
Sizilien
St. Petersburg
Südafrika
Südtirol
Tessin
Thailand
Toskana
Türkei-Südküste
Türkei-Westküste
Tunesien
Ungarn
Venedig
Wien

Weitere Titel in Vorbereitung

Impressum

Umschlag-Vorderseite: Venedigs barockes Kleinod S. Maria della Salute
Foto: Bildagentur Huber (Gräfenhain), Garmisch-Partenkirchen

Titelseite: Die Engelstreppe an der Fassade von San Marco führt hinauf zur alles überragenden Figur des hl. Markus
Foto: Ernst Wrba, Sulzbach/Taunus

Abbildungen: siehe Bildnachweis S. 141

Lektorat und Bildredaktion:
Cornelia Greiner, München
Umschlag: Norbert Dinkel, München
Karten: Heike Carrle, München
Gestaltung: Michael Feuerer/
Alinea GmbH, München
Druck, Bindung: Sellier-Druck GmbH, Freising

Printed in Germany

ISBN 3-87003-799-7

Gedruckt auf chlorfrei gebleichtem Papier

1. Auflage 1998

Redaktion ADAC-Reiseführer:
ADAC Verlag GmbH, 81365 München

Die Daten und Fakten für dieses Werk wurden mit äußerster Sorgfalt recherchiert und geprüft. Da vor allem touristische Informationen häufig Veränderungen unterworfen sind, kann für die Richtigkeit der Angaben leider keine Gewähr übernommen werden. Die Redaktion ist für Hinweise und Verbesserungsvorschläge dankbar.

Für Ihren Urlaub: Die Reise-magazine vom ADAC.

Alle zwei Monate neu.

Die Reisemagazine vom ADAC gibt es für mehr als 35 Städte und Regionen.

In Vorbereitung:

Frankreich Atlantikküste, Thailand, Schottland.

Überall, wo es Bücher gibt, und beim ADAC.

1 Tag in Venedig

Vormittags sollten Sie auf dem Deck eines Vaporetto durch den **Canal Grande** fahren, die Architektur der **Palazzi** genießen, in San Marco aussteigen, eintauchen in die vibrierende Vitalität der **Piazzetta**, innehalten und sich an den Ausblick nach **San Giorgio Maggiore** verlieren. Dann gilt es, den **Palazzo Ducale** und die **Basilica di San Marco** mit den Augen zu erobern, ziellos durch die Gassen des Stadtteils **San Marco** zu wandern und in einem Bàcaro ›cicheti‹ oder ›tramezzini‹ zu essen und eine *ombra* Frizzante zu trinken. Anschließend stöbern Sie in Antiquitätenläden, kaufen Marmorpapier und machen auf einem der versteckten Campi Rast.
Nachmittags bietet sich ein Ausflug zur **Isola San Giorgio Maggiore** an; dort in der Kirche in den Anblick von Tintorettos Abendmahl versinken und mit dem Aufzug auf den **Campanile** fahren, die fragile Skyline der Wasserstadt im milden Licht der untergehenden Sonne betrachten. Der Tag klingt am schönsten aus bei typisch venezianischer Küche auf einer der Restaurantterrassen am Kanalufer und mit einem Abendspaziergang an der **Riva degli Schiavoni** mit all ihren Lichtreflexen.

1 Wochenende in Venedig

Freitag: Stimmen Sie sich ein mit einer Vaporettofahrt durch den Canale di Giudecca nach San Marco. Durchwandern Sie neugierig den **Palazzo Ducale** und spüren Sie den Markuslegenden in der **Basilica di San Marco** nach. Zum Erholen kann man die **Riva degli Schiavoni** entlangschlendern, das Ambiente am Wasser genießen, im **Museo Storico Navale** vorbeischauen und bei ›Al Covo‹ Meeresfrüchte essen. Weitere Tagesprogrammpunkte: auf die Piazza San Marco zurückkehren, in einem der berühmten Cafés Cappuccino trinken, abends in einem Terrassenrestaurant am Canal Grande den Tag ausklingen lassen.

Samstag: Am Vormittag sollten Sie beherzt durch die Gassen von **San Marco** schlendern, **Campi** entdecken, einkaufen, sich treiben lassen, nach **San Polo** überwechseln, Tizians Assunta in der **Frari-Kirche** und/oder Tintorettos Gemälde in der **Scuola di San Rocco** betrachten.
Nachmittags fahren Sie dann von San Zaccaria nach **Burano** und **Torcello**, tauschen die bunte Insel der Stickerinnen mit der ungekünstelten Schönheit des grünen, verschlafenen Torcello, genießen die Stille in der **Locanda Cipriani**, wo Sie abends exclusiv speisen.

Sonntag: Heute heißt es zur **Isola di San Giorgio Maggiore** übersetzen, in der Kirche gregorianischen Kantaten lauschen und dann nach San Marco zurückkehren. Am **Campo San Moisè** müssen Sie unbedingt eine Gondel mieten und die Kanäle und Brücken, das Ambiente im Altstadtherz, entdecken. Nehmen Sie anschließend die Buntheit und das pulsierende Leben am **Campo San Fantin** in sich auf, werfen einen Blick auf den Baufortschritt des **Teatro La Fenice** und bewundern im **Palazzo Querini-Stampalia** die moderne Architektur des Carlo Scarpa. Nachmittags sollten Sie in **Harry's berühmter Bar** einen ›Bellini‹ oder ›Tiziano‹ trinken, anschließend ein Vaporetto besteigen und vom Deck aus eine Augenreise durch den Canal Grande, von Station zu Station, von Palazzo zu Palazzo, unternehmen. Auf der Höhe des **Ponte dell' Accademia** können Sie dann nur noch den Beschluß fassen, im Winter wiederzukommen, wenn sich die Schlangen vor den **Gallerie dell' Accademia** aufgelöst haben und man die Highlights der wunderbaren Sammlung in Ruhe genießen kann.